WILHELMINISCHE STUDIEN · BAND 1

Jörg Michael Henneberg

Das Sanssouci Kaiser Wilhelms II.

Der letzte Deutsche Kaiser, das Achilleion und Korfu

Kaiser Wilhelm II. beim Aktenstudium auf der oberen Terrasse des Achilleions auf Korfu, retuschierte Photographie von Theodor Jürgensen, 1912, Sammlung Jörg-Michael Hormann, Rastede.

Jörg Michael Henneberg

Das Sanssouci Kaiser Wilhelms II.

Der letzte Deutsche Kaiser,
das Achilleion und Korfu

mit einem Geleitwort
von S. K. H. Wilhelm-Karl Prinz von Preußen
und Beiträgen von Nicolaus Sombart
und Ruth Steinberg

ISENSEE VERLAG
Oldenburg
2004

Das Geleitwort von Nicolaus Sombart wurde verfaßt aus Anlaß der Soirée „Wilhelm II. – Sündenbock und Herr der Mitte" am 27. November 2002 in Oldenburg.

Dank an Michaela Blankart, Iris Dahlke, Dr. Dr. Ummo Francksen, Geheimes Staatsarchiv Preußischer Kulturbesitz, Generalverwaltung des vormals regierenden preußischen Königshauses, Ingeborg und Detlev Hecker, Hans-Jürgen Herres, Dr. Jürgen Kloosterhuis, Joachim Neuse, Peter Schamoni, Dr. Ingo Sommer, Stiftung Preußischer Schlösser und Gärten Berlin-Brandenburg, Stiftung Preußischer Kulturbesitz, Dr. Hellmut Strobel, Friedhild den Toom, Prof. Dr. Gerhard Wietek und Volker Wurster

Münzabbildung Titel:
Karl Goetz: Probe für ein goldenes 20-Mark-Stück, Kupfer, 1913
Vorderseite:
Wilhelm II. als römischer Imperator

Münzabbildung Impressum

Rückseite:
Atlas, der die Bürde der Krone trägt, flankiert vom Reichsadler, Privatbesitz, Photo: Norbert Gerdes

Einbandgestaltung und radierte Initialen
auf den Seiten 8, 12, 19, 89, 98, 118: Michael Ramsauer

Bibliografische Information Der Deutschen Bibliothek

Die Deutsche Bibliothek verzeichnet diese Publikation in der Deutschen Nationalbibliografie; detaillierte bibliografische Daten sind im Internet über <http://dnb.ddb.de> abrufbar.

ISBN 3-89995-040-2

© 2004 Isensee Verlag, Haarenstraße 20, 26122 Oldenburg - Alle Rechte vorbehalten
Gedruckt bei Isensee in Oldenburg

INHALT

7	*Wilhelm-Karl Prinz von Preußen* Zum Geleit
8	*Nicolaus Sombart* Was habe ich getan?
12	*Jörg Michael Henneberg* Eine Reise nach Korfu
19	*Jörg Michael Henneberg* „... Das Land der Griechen mit der Seele suchend ..."
54	*Wilhelm II.* Ein Tag auf Korfu
60	*Wilhelm II.* Abschied von Korfu
66	*E. Schröder* Der Korfu-Aufenthalt 1908
71	Des Kaisers Tuskulum
79	*Hans Schöningen* Der Kaiser auf Korfu
89	*Ruth Steinberg* „... Auguste Victoria, der Herrin des Achilleions ..." Kaiserin Auguste Victoria
98	*Ruth Steinberg* Von Korfu nach Bad Nauheim Die Telegramme des Oberhofmarschallamtes an Kaiserin Auguste Victoria 1912
118	*Jörg Michael Henneberg* Kaiser Wilhelm II. (1859-1941) Ein kunst- und kulturhistorischer Lebenslauf auf Münzen und Medaillen
130	*Jörg Michael Henneberg* Mit Kaiser Wilhelm II. auf Korfu – Ein Wegweiser
138	Zeittafel
140	Anmerkungen

Beim 80. Geburtstag von Wilhelm II. am 27. Januar 1939 in Doorn zum letzten Mal vereint: Der Deutsche Kaiser Wilhelm II., seine Nachkommen und seine zweite Frau Hermine. Das Bild zeigt Kaiser-Enkel Wilhelm-Karl Prinz von Preußen (ganz unten, zweiter von links), im Alter von 17 Jahren sowie unter anderem Kronprinzessin Cecilie, Prinz Louis Ferdinand, Kronprinz Rupprecht von Bayern, Kronprinz Wilhelm, Königin Friederike von Griechenland, Mutter der heutigen Königin von Spanien und Kaisertochter Herzogin Viktoria Luise von Braunschweig und Lüneburg.   Photo: Privatbesitz

Zum Geleit

Dem Autor kommt das Verdienst zu, den Versuch zu machen, das Urteil über den letzten deutschen Kaiser zu objektivieren. Bei der näheren Betrachtung von Geschehnissen und Ereignissen seiner Regierungszeit wird deutlich, dass viele Entscheidungen und Beschlüsse Wilhelms II. unter ideologischen oder politischen Gesichtspunkten falsch beurteilt wurden. In jüngster Zeit ändert sich das historische Klima allmählich. Mehrere Veröffentlichungen, beginnend mit Nicolaus Sombarts „Wilhelm II. Sündenbock und Herr der Mitte" über das neu herausgekommene „Die U-Boote des Kaisers" bis zu den verschiedenen Arbeiten, die im Zusammenhang mit der 150-Jahrfeier von Wilhelmshaven stehen.

Ich erlebte meinen Großvater ganz anders, als er und seine Politik von seinen Kritikern geschildert wurden. Und ich erlebte ihn bewusst in der Zeit von 1929 bis 1940. Jedes Jahr fuhren wir vierzehn Tage während der Sommerferien nach Doorn, sprachen mit ihm, gingen mit ihm spazieren und hörten seine täglichen Andachten. Er war – auch für uns Kinder – immer der Mittelpunkt. So verstehe ich vollkommen, dass Prof. Hermann Lommel nach seiner Teilnahme bei einer Sitzung der vom Kaiser gegründeten „Doorner Arbeitsgemeinschaft" an die damals berühmte Lou Andreas-Salomé 1936 schrieb:

„Bewundernswert ist, wie der Kaiser täglich vier bis fünf Stunden Sitzung in regster Anteilnahme mitmacht ... Dass unter seinem Vorsitz zehn Professoren zu einer geistigen Gemeinschaft werden ... das hat noch niemand zu Stande gebracht ... auch nur drei deutsche Professoren unter einen Hut zu bringen ... Wenn ich ihn in jüngeren Jahren gekannt hätte, vielleicht hätte ich ihn nicht ausstehen können. Jetzt ist er einfach herzbezwingend."

So zeigt auch die Arbeit von Jörg Michael Henneberg über Korfu den Kaiser in einem neuen Licht. Sowohl was die Intentionen für den Ankauf des Achilleons betrifft als auch die spätere Nutzung. Sein Interesse für die Altertumsforschung, insbesondere für die Ausgrabungen frühgriechischer Kulturstätten, fand hier einen weiten Raum. Dass es nicht einer Augenblickslaune entsprang, zeigt sich an den Themen, die noch 1936 im Mittelpunkt des Diskussionen der Doorner Arbeitsgemeinschaft standen.

Für mich wäre es eine große Freude, wenn das vorliegende Korfubüchlein dazu beitrüge, meinem Großvater ein wenig mehr Gerechtigkeit widerfahren zu lassen, als das in der Vergangenheit der Fall war.

Wilhelm-Karl Prinz von Preußen

Was habe ich getan?[1]

m Kaiser Wilhelm II. als singulärem Phänomen gerecht zu werden, schlage ich einen Paradigmen-Wechsel vor: Ihn vom Gegenstand der Historie – der Geschichtswissenschaft als Geschichte der Innen- und Außenpolitik von Staaten (was nicht Staat ist, ist Kontingenz) – zum Gegenstand der Kulturwissenschaft zu machen.

Das ist in Deutschland ein heikles Unterfangen, das vor dem Ersten Weltkrieg schon zu dem berühmten, um nicht zu sagen, berüchtigten „Methodenstreit" geführt hat, der mit dem Namen Lamprecht verbunden ist. – Lamprecht, der eine kulturwissenschaftlich ausgerichtete Geschichtsschreibung präkanonisierte und von der Historikerzunft, aber auch von Männern wie Max Weber (der ihn als „Unhold des Matriarchats" stigmatisierte) bekämpft wurde, war – was für unseren Zusammenhang nicht ohne Bedeutung ist – ein Protegé des Kaisers, der sein Institut für kulturwissenschaftliche Forschung in Leipzig (also in Sachsen und nicht in Preußen) aus seiner Privatschatulle subventionierte.

Der Maßstab, an dem der letzte und einzige deutsche Kaiser zu messen ist, ist der des Archetypus des Königtums. Die Voraussetzung dafür ist, das Königtum in seiner metahistorischen Grundstruktur zu begreifen.

Worum handelt es sich? Um eine Denkfigur, um ein metahistorisches und metapsychologisches Strukturmodell, um einen „Archetypus", um eine „Figuration", würde Norbert Elias sagen. Es geht um eine jener universellen Vorstellungen und Inhalte des kollektiven Unbewußten, „mit deren Hilfe die Menschen die Gesellschaft vorstellen, deren Mitglieder sie sind und die dunklen oder engen Beziehungen, die sie mit ihr haben" (Durkheim). Durch sie werden grundlegende Triebkräfte des kollektiven Daseins aktiviert. Sie sind die Bedingung der Möglichkeit jener gemeinschaftlichen Übereinkunft, durch die eine Gesellschaft als solche sich konstituiert.

Der „König" steht oberhalb der Unterscheidung verschiedener Daseinsbereiche und der ihnen zugeordneten Beurteilungskriterien, oberhalb der Distinktion von Politik, Kunst, Wissenschaft, Wirtschaft. Das „Königtum" strahlt in alle Einzelgebiete hinein, es steht als das Zentrale, das Höchste zu ihnen in Beziehung, wurzelt in einer alles transzendierenden Kultursphäre.

Der englische Kulturanthropologe und Ethnologe A. H. Hocart hat für diesen komplexen Tatbestand, im Anschluss an Frazer, den Begriff des „Pattern of Kingship" eingeführt (1927); (er ist besser, weil wertneutraler und rationaler, als der im Grunde dasselbe meinende Begriff: „sakrales Königtum").

Kaiser Wilhelm II. auf der Hohenzollern in Marineuniform. Photogravure nach einem Photo von Theodor Jürgensen „Zur Erinnerung an den 2./3. Mai 1914 Corfu Schloss Achilleion." Geheimes Staatsarchiv Preußischer Kulturbesitz, Repro: Geheimes Staatsarchiv Preußischer Kulturbesitz.

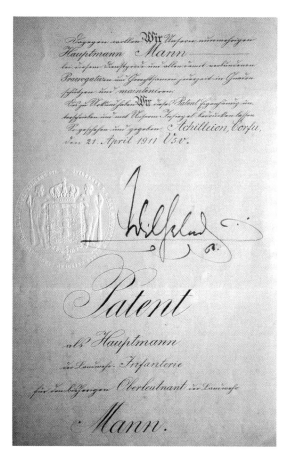

Offizierspatent vom 21. April 1911, unterschrieben von Wilhelm II. auf Schloß Achilleion. Privatbesitz. Von Berlin allwöchentlich eintreffende Kuriere brachten die zu erledigenden Vorgänge mit.

Der Kaiser mit Gefolge auf der Yacht Hohenzollern. Von links nach rechts: Graf Kuno von Moltke, Generalleutnant von Moltke, Prinz Albert von Schleswig-Holstein. Photopostkarte nach einer Aufnahme von Theodor Jürgensen, der als Oberdeckoffizier auf der „Hohenzollern" diente und die meisten Photos von den Reisen des Kaisers gemacht hat und auf der Yacht ein Labor für die Entwicklung der Negative hatte. Bildpostkarte, Privatbesitz.

Nur mit Hilfe des „Pattern of Kingship"-Modells ist es möglich, die Rolle und Funktion, Denken und Agieren des letzten deutschen Kaisers – seine Größe und Tragik – angemessen zu beurteilen und zu verstehen.

Der Ursprung des Königtums liegt im Begriff der sakralen Mitte. Der König ist der Herr der Mitte.

Von dieser Ausgangsposition her lassen sich die wichtigsten Aspekte der Königsfunktion (des Königtums) definieren (Ich habe das in meinem Buch versucht):[2]

Das Schicksal des Königs ist mit dem Schicksal des Volkes untrennbar verbunden. Der König ist ihm ausgeliefert auf Gedeih und Verderb. Der König ist nicht nur Herrscher, sondern auch der, auf den jeder seine eigenen Verfehlungen abzuladen vermag: er ist der Sündenbock des ganzen Volkes – der Sündenbock, der das Unreine und das Unglück auf sich nimmt.

Darin liegt die tiefe Ambivalenz des Königtums, die zur Ambivalenz des Sakralen gehört. Der König ist verantwortlich für das kollektive „Heil" und „Un-heil". Der König ist der designierte „Sündenbock". Auch das liegt in der absoluten Singularität und Superiorität seiner Funktion eingeschlossen. Auch das gehört zum „Pattern of Kingship".

Wilhelm II. – der perfekte Akteur als Herr der Mitte erfuhr das Schicksal Sündenbock des deutschen Mißgeschicks zu werden. Dazu gehört das negative Bild, das von ihm überliefert ist. Die Schwierigkeit, es zu revidieren – und ihm Gerechtigkeit widerfahren zu lassen, liegt darin, daß es notwendig ist, dafür das Bild der deutschen Geschichte zu revidieren. In erster Linie das Bild, das von Bismarck ins kollektive Unbewußte eingeschrieben ist. Die Demontage des Bismarck-Mythos, inklusive einer Revision der Geschichte des zweiten Reiches, ist die notwendige Voraussetzung für eine angemessene Würdigung seines Opfers. Auch das gehört zu unseren Aufgaben, die wir Wilhelm II. Gerechtigkeit widerfahren lassen wollen. Vielleicht ist die Zeit endlich reif dafür.

Nicolaus Sombart

Der Kaiser fährt in Korfu an Land. Die Aufnahme von Theodor Jürgensen entstand während des Korfu-Aufenthaltes 1905 und wurde in dem Prachtband „Unser Kaiserpaar – Gedenkblätter zum 27. Februar 1906", auf S. 196 veröffentlicht, der anläßlich der Silbernen Hochzeit 1906 in Berlin erschien.

Eine Reise nach Korfu

Anfang Juni 2002 besuchte ich die Insel Korfu, die Kaiser Wilhelm II. sehr zu recht als eine der schönsten Inseln des Mittelmeeres beschrieben hat. Ich hoffte, während jenes kurzen Aufenthaltes etwas von dem Zauber der Insel zu empfinden, den einst Kaiserin Elisabeth von Österreich, nach dem populären Romy Schneider-Streifen besser bekannt als Sissy, und Kaiser Wilhelm II. dort gesucht und gefunden hatten. Während die Kaiserin von Österreich längst zum Medien-Mythos geworden und auf Korfu ganz im tourismusfördernden Sinne allgegenwärtig ist, tut man sich mit Kaiser Wilhelm II. ungleich schwerer. Den meisten Reiseführern ist zu entnehmen, daß er 1907 das Schloß Achilleion vom österreichischen Kaiserhaus erwarb und 1910 als preußisch-deutsche Entgegnung auf Ernst Herters Skulptur des „Sterbenden Achill" den „Siegreichen Achill", eine Monumentalplastik von Johannes Götz, gewissermaßen als Symbol der deutschen Weltgeltung errichten ließ. Nicolaus Sombart stellt in seinem Buch „Wilhelm II. – Sündenbock und Herr der Mitte" sehr zu recht fest, daß „diesem Mann Unrecht geschehen ist". Was für die historisch-politische Würdigung Wilhelms II. unzweifelhaft gilt, hat ganz gewiß ebenso für die Kultur- und Kunstgeschichte seine Richtigkeit.

So wurde beispielsweise Elisabeths Skulptur des „Sterbenden Achill" bereits 1883 entworfen, während die vom Kaiser in Auftrag gegebene Achillesstatue 1908/09, also mehr als zwanzig Jahre später, entstand. Erstere gilt als hochwertig und letztere wird weniger als Kunstwerk, denn als „Wilhelminisches Kuriosum" abgetan. Die oftmals bemängelte Starrheit der Achillesstatue von 1909/10 ist doch ein deutlicher Hinweis auf die durchaus zeittypische Auseinandersetzung mit der Archaik. Es ist fast ein Gemeinplatz, in Wilhelm II. einen erklärten Feind jeder modernen Kunstäußerung sehen zu wollen. Im diametralen Gegensatz dazu steht aber seine

Ansicht von Taormina. Auf der Mittelmeerreise 1905 wurde auch Unteritalien angesteuert. Aufnahme von Theodor Jürgensen, abgedruckt in: Unser Kaiserpaar – Gedenkblätter zum 27. Februar 1906, Berlin 1906, S. 197.

Blick in den Sicilianischen Garten in Potsdam/Sanssouci. Die Gartenanlage wurde nach Vorstellungen Wilhelms II. geschaffen. Der „antike Bogenschütze" ist ein Werk von Ernst Moritz Geyer aus den Jahren 1901/1902. Aufnahme aus dem Jahr 1911. Privatbesitz

Bewunderung für die moderne Technik, der er jedwede Förderung zugedeihen ließ. Der Futurist Emilio Marinetti (1876-1944) war ein großer Bewunderer des Kaisers. Bemerkenswert ist, daß der vielgescholtene „Siegreiche Achill" mit seinem Medusenschild bis heute völlig unerkannt als eine „Inkunabel" der modernen Archaik in der Deutschen Kunst gelten kann und das diese Monumentalplastik fast gleichzeitig mit Picassos, die Kunst Schwarz-Afrikas und der Südsee kubistisch umformenden „Demoiselles d'Avignon" von 1906/1907 entstanden ist. Gewiß handelt es sich hier um eine eher unfreiwillige Zeitgenossenschaft und doch liegt in dieser Parallelität ein tieferer Sinn verborgen! Kaiser Wilhelms Beteiligung an der Ausgrabung des Artemis-Tempels auf Korfu 1911 mit dem berühmten Gorgo-Fries, einem Relikt des vorhellenischen Matriachartskults, unterstreicht übrigens seine Aufgeschlossenheit für eine grundsätzlich antiklassische Kunst, die auch die Kubisten und die Expressionisten begeistern sollte.

Und ist nicht zuletzt das in einer Talmulde neben dem Achilleion gelegene Kavalierhaus von 1907/1908 in all seiner spartanischen und von daher funktionalen Schmucklosigkeit ein bis heute völlig unbekannt gebliebenes Beispiel für den Modern Style in der deutschen Architektur des beginnenden 20. Jahrhunderts?

Nicolaus Sombart hat das Achilleion auf Korfu als Kaiser Wilhelms Sanssouci bezeichnet. Nach der Eulenburg-Affaire und dem Daily Telegraph-Skandal 1908 wurde das Schloß der unglücklichen Kaiserin Elisabeth zu seinem geliebten Tusculum. Nirgendwo sonst, ausgenommen in Huis Doorn, lassen sich das persönliche Ambiente des Kaisers und somit Spuren seiner Persönlichkeit derart hautnah erleben wie auf Korfu. Sein Lieblingsausflugsziel bei Pelekas heißt nach wie vor Kaisersthrone und wird von den Touristen gerne und häufig besucht.

Die nachfolgende „Spurensuche" möchte lediglich dazu anregen, auf Korfu einem anderen Wilhelm II. zu begegnen, als dem Zerrbild, das viele Historiker nunmehr länger als neun Jahrzehnten vom letzten Deutschen Kaiser immer noch zu zeichnen bemüht sind.

Oldenburg, im Februar 2004
Jörg Michael Henneberg

Diese Aufnahmen sind die einzig authentischen der diesjährigen Korfu-Reise!

Telegramm unseres Spezial-Photographen aus Korfu

> Telegramm von Korfu, Achilleion.
>
> 22. 4. 09. 3½ Uhr.
>
> Soeben ganz hervorragende Aufnahmen von S. M. dem Deutschen Kaiser, I. M. der Kaiserin sowie der kaiserlichen Umgebung inmitten des Achilleion gemacht. Sende Negative sofort.
>
> Jürgensen
> Oberdeckoffizier
> an Bord S. M. Y. "Hohenzollern"

Die Ausgabe dieser Aufnahmen erfolgt in wenigen Tagen; wir nehmen **nur feste Bestellungen** auf dieses Sujet entgegen u. erledigen Aufträge der Reihe nach

| Länge ca. 120 mtr. | Preis pro mtr. **nur 1 Mk.** |

DUSKES

Kinematographen- u. Film-Fabriken G. m. b. H.
BERLIN S.W. 68, Friedrichstr. 46.

Telegr.-Adr.: Duscescop Berlin. Telephon: Amt I, 1762, 1552 u. 1309

Für die Redaktion verantwortlich: Ingenieur Paul Levy, Berlin N. 65, Müllerstr. 38a/b. — Verlag: „Die Lichtbild-Bühne", Inhaber Ing. Paul Levy & Joseph Hirsch, Berlin N. 65. — Druck: Gebr. Jacob, Berlin N., Müllerstr. 138d.

Werbeanzeige für Filmaufnahmen von Theodor Jürgensen, abgedruckt in: Lichtbild – Bühne, 2. Jahrgang, Nr. 53, vom 29.4.1909.

Das Kaiserpaar wird an Bord der „Hohenzollern" gerudert. Die Aufnahme von Theodor Jürgensen entstand vermutlich in Genua oder Venedig, wo die kaiserliche Familie an Bord der Hohenzollern ging.

Matrosen auf der Brücke der „Hohenzollern": Photo von Theodor Jürgensen. Eines der drei Steuerräder hat sich in der Christus- und Garnisonkirche in Wilhelmshaven erhalten, Bildpostkarten um 1908, Privatbesitz.

Dieser Schnappschuß von Theodor Jürgensen entstand auf der Korfu-Reise 1908 in Süditalien. Prinzessin Victoria Luise (1892-1980), die einzige Tochter des Kaiserpaares, war eine begeisterte Amateurphotografin. In der rechten Hand hält sie ihre Kodak. Die Prinzessin schoß viele „Schnappschüsse" aus dem Leben der kaiserlichen Familie.   Privatbesitz

Der Kaiser in seiner Kabine auf der Hohenzollern, Bildpostkarte, um 1905, Privatbesitz.

Auf der Mittelmeerreise 1905 wurde neben Korfu auch der Insel Capri ein Besuch abgestattet, wo Wilhelm II. mit seiner Cousine Kronprinzessin Victoria von Schweden zusammentraf. Photo von Theodor Jürgensen, abgedruckt in: Unser Kaiserpaar – Gedenkblätter zum 27. Februar 1906, Berlin 1906, S. 197.

Die „Hohenzollern" vor Palermo.

1905 wurde Palermo angesteuert, wo Wilhelm II. das Grab Kaiser Friedrich II. (1194-1250) von Hohenstaufen im Dom aufsuchte; dem Stauferkaiser brachte er hohe Wertschätzung entgegen. Photo von Theodor Jürgensen, abgedruckt in: Unser Kaiserpaar – Gedenkblätter zum 27. Februar 1906, Berlin 1906, S. 197.

Am 26./27. Dezember 1908 wurde die sizilianische Hafenstadt Messina von einer Springflut und einem Erdbeben fast völlig zerstört. Von 120 000 Einwohnern kamen bei der Katastrophe etwa 80 000 um. Auf der Korfu-Reise 1908 hatte die „Hohenzollern" am 5. April in Messina festgemacht. Die deutsche Öffentlichkeit und mit ihr Kaiser Wilhelm II. waren entsetzt über das Ausmaß des Unglücks. Es wurde ein „Deutsches Hilfscomite für Süditalien" gebildet. „Den Helfern in der Not" wurde eine von dem Bildhauer und Medailleur Hugo Kaufmann (1868-1919) geschaffene Medaille überreicht. Die Vorderseite zeigt die Germania mit einem Früchtekorb, der der sitzenden, trauernden Italia die Hand reicht. Auf der Rückseite befindet sich die Darstellung eines Olivenbaumes und die Widmung „Den Helfern in der Not". Prägung in Silber, vergoldet, Durchmesser 5,9 cm. Privatbesitz.

Photo: Foto Schmidt

Die Bildpostkarte nach einem Photo von Theodor Jürgensen zeigt die im Hafen von Messina vor Anker liegende Kaiseryacht „Hohenzollern", am 5. April 1908, Privatbesitz.

Jörg Michael Henneberg

„... Das Land der Griechen mit der Seele suchend..."

„Als Knabe und Jüngling das Land der Griechen mit der Seele suchend, fand ich es als Mann in meinem Achilleion auf dem schönen Eiland von Korfu.   Wilhelm II.
Amerongen, im Frühling 1919. Doorn, im Herbst 1924."³

ie Insel Korfu ist die größte der ionischen Inseln. Das antike Korkyra oder Corcyra gilt als Land der homerischen Phäaken. Wie die anderen ionischen Inseln wurde Korfu, griechisch Kerkyra, nach der Teilung des Römischen Reiches im 4. Jahrhundert Ostrom zugeschlagen. Im 14. Jahrhundert gelangte die Insel unter venezianische Herrschaft. Nach dem Untergang der Serenissima 1797 wurde die Insel französisch wie die übrigen ionischen Inseln. Kurze Zeit war sie darauf russisches Patronat unter dem Schutz des Sultans, um dann von 1799 bis zum Sturz Napoleons 1814 wieder zu Frankreich zu gehören. Bis zum Anschluß an Griechenland 1863 standen die ionischen Inseln dann unter englischer Verwaltung. Ein Lord-Oberkommissar vertrat die Regierung und das Vereinigte Königreich gab mit vollen Händen, wo es galt die Lage der Insulaner zu verbessern. Ein Netz ausgezeichneter Straßen überzog bald die ganze Insel und verband die abgelegensten Städte mit der Hauptstadt. 1824 wurde in Korfu-Stadt eine Universität eingerichtet.⁴

Grundverschieden zu den über Jahrhunderte osmanisch gewesenen Teilen Griechenlands fehlt auf Korfu der orientalische Einfluß gänzlich. Die Mehrzahl der Einwohner ist orthodox, es gibt aber auch eine beachtliche römisch-katholische Minderheit. Die Hauptstadt Korfu-Stadt, griechisch Kerkyra, ist Sitz eines griechisch-orthodoxen Erzbischofs und eines römisch-katholischen Bischofs. Die Architektur der Hauptstadt spiegelt die venezianischen, napoleonisch-französischen und englischen Einflüsse wieder. Hingegen ist die Küche bis heute italienisch geprägt. Die Modernität der Hauptstadt Korfus, Athen war damals noch eine heruntergekommene Kleinstadt, machte diese bereits in der ersten Hälfte des 19. Jahrhunderts zum idealen Aufenthaltsort für die anspruchsvoll reisende Aristrokratie und den beginnenden bürgerlichen Tourismus. Die Kaiserin Elisabeth von Österreich kam 1861 erstmals nach Korfu. 1869 besuchte der preußische Kronprinz Friedrich Wilhelm auf seiner Ägyptenreise die Insel und 1889

Der Neptunbrunnen vor dem Berliner Schloß wurde Wilhelm II. 1891 vom Magistrat der Stadt Berlin geschenkt. Der Brunnen, bei dessen Entwurf römische Vorbilder, besonders von Gian Lorenzo Bernini Pate standen, wurde von Reinhold Begas geschaffen, einem engen Freund und Weggefährten Arnold Böcklins. An der Ausführung des Brunnens war auch Johannes Götz als Meisterschüler von Begas beteiligt. Götz schuf 1909/10 im Auftrag Wilhelms II. den „Siegreichen Achill" für den Park von Schloß Achilleion. Korfu galt im ausgehenden 19. Jahrhundert wegen der Mäuseinsel, die an Böcklins seinerzeit äußerst populäres Gemälde Toteninsel erinnert, als Insel Homers.   Photo: Georg Bartels, um 1890, Privatbesitz

Arnold Böcklin: Die Toteninsel. Das Gemälde spiegelt die düstere Stimmungsseite des Fin de siécle wieder. Wilhelm II. hatte Böcklin 1879 als Prinz in dessen Florentiner Atelier einen Besuch abgestattet.
Photo: Privatbesitz

stattete ihr dessen Sohn Kaiser Wilhelm II. einen ersten Besuch ab.[5] Für den letzten Deutschen Kaiser wurde Korfu nach dem Daily-Telegraph-Skandal und der Eulenburg-Affaire 1908 seine geistige Zufluchtstätte. Nicolaus Sombart schreibt in seinem Buch Wilhelm II. – Sündenbock und Herr der Mitte:

> „Er zog sich innerlich gewissermaßen nach Korfu zurück, sein Arkadien. Das ist 'sinnbildlich' und tatsächlich zu verstehen. 1907 hatte er das Märchenschloß seiner Tante, der tragisch umgekommenen Kaiserin Elisabeth, die für ihn zu einer Kultfigur geworden war, mit Mitteln aus seiner Privatschatulle erworben. Dort leitete er fachkundig die Ausgrabungen der 'Gorgo', ein rares Relikt prähellenistischer Matriarchatskulte, das ihm die Vorsehung großmütig als symbolisches Objekt der Begierde zugespielt hatte. Nach seiner Abdankung veröffentlichte er darüber ein Buch, an dem er wahrscheinlich schon während seiner Mußestunden während des Krieges gearbeitet hat."[6]

Den Erwerb des Achilleions hatte der Kaiser zu seiner Privatangelegenheit gemacht und seine Absichten augenscheinlich sogar in seinem engsten Kreise geheimhalten können. Sein ehemaliger Hofmarschall Graf Robert Zedlitz-Trützschler schrieb in seinen Erinnerungen:

> „… Die Animosität des Kaisers gegen den Fürsten Bülow treibt solche Blüten, daß er ihn sogar mit dem Ankauf des Achilleion in Verbindung bringt und behauptet, der Fürst habe dazu geraten. Wenn man aber weiß, wie alle maßgebenden Persönlichkeiten jahrelang (erst Eulenburg, dann Fürstenberg), denen der direkte Auftrag vom Kaiser geworden war, den Besitz zu kaufen, sich bestrebten, die Verhandlungen hinzuziehen und nicht zum Abschluß zu bringen, der Kaiser selbst sich aber direkt und heimlich mit dem

Die Mäuseinsel „Pontikonisi" wurde im ausgehenden 19. Jahrhundert oft als Vorbild für Arnold Böcklins „Toteninsel" bezeichnet, obwohl der Maler sich nie auf Korfu aufgehalten hat.
Photo, um 1930, Privatbesitz

Ansicht des Hafens von Korfu-Stadt mit der alten venezianischen Zitadelle, Bildpostkarte, um 1900, Privatbesitz.

Erzherzog Franz Ferdinand in Verbindung gesetzt und sogar Eulenburg mit dem plötzlich perfekt gewordenen Ankauf überrascht hat, so ist es mehr als merkwürdig, jetzt dem Fürsten Bülow die Verantwortung dafür zuschieben zu wollen. Ich bin überzeugt, die eigenartige Phantasie des Kaisers bringt es noch so weit, ganz fest davon überzeugt zu sein, daß der Gedanke des Ankaufs dem Kopfe des Fürsten entsprungen und er nur auf dessen fortwährendes Drängen schweren Herzens sich zu dem Kauf entschlossen habe. Tatsächlich war Fürst Bülow über den heimlich erfolgten Ankauf genau so überrascht wie Eulenburg und Fürstenberg. Als ihm der Kaiser von diesem Ereignis Mitteilung machte, hat er, Diplomat durch und durch, wohl kaum irgendwie Stellung genommen, sondern sicherlich höflich und sehr liebenswürdig, wie dies seine Art war, zu dem Erwerb gratuliert. Was ging es auch ihn an, ob der Kaiser einige Millionen seines Privatvermögens so oder so verpulverte?! Wenn er überhaupt zu etwas ernsthaft Stellung nahm als Reichskanzler, so lagen jederzeit dafür wichtigere Dinge vor. Daß der Ankauf aber auch mit Politik zu tun hat, zeigt die augenblickliche Situation. Sobald die politischen Verhältnisse nicht klar sind, kann der Kaiser nicht hinfahren. Daher der Groll jetzt."[7]

Die Schilderung des Grafen Zedlitz-Trützschler über den Erwerb des Achilleions ist wie seine gesamte Schilderung vom Leben am Hofe Wilhelms II.

und von dessen Persönlichkeit eindeutig von Ressentiments bestimmt und kann von daher nur sehr eingeschränkt als glaubwürdig gelten. 1905 entschloß sich Wilhelm II. auf Anraten des griechischen Königs zum Erwerb des nach der Ermordung der Kaiserin Elisabeth verwaisten Achilleions.[8] Die Verbindung, die Zedlitz-Trützschler zur Daily Telegraph-Affaire, die man bei der Nennung Bülows vermuten muß, und der Hinweis auf den Fürsten Eulenburg, dessen Anklage wegen des Verdachts auf Homosexualität den größten Skandal der wilhelminischen Epoche nach sich zog, sind aufschlußreich. Für Kaiser Wilhelm II. bedeutete das Achilleion seit dem Krisenjahr 1908 sein Sanssouci, wie Nicolaus Sombart so treffend feststellt.[9] In mancher Hinsicht erinnert das Leben des Kaisers auf Korfu jedoch bereits an die Exilhofhaltung in Doorn von 1920-1941. Die Hinwendung zur Archäologie und zu kulturmorphologischen Fragestellungen, die sein Exildasein in Doorn zunehmend bestimmten, fanden auf der arkadisch-schönen Mittelmeerinsel ihren Anfang.[10]

Im Jahre 1907 erwarb der Kaiser nach langen Verhandlungen das Schloß Achilleion auf Korfu vom Hause Habsburg. Das Achilleion wurde 1890/91 nach den Entwürfen der italienischen Architekten Antonio Landi und Raffaele Carito im klassischen Stil erbaut und von ebenfalls aus Italien stammenden Malern im pompejanischen Geschmack ausgemalt.[11] Kaiserin Elisabeth, Sisi genannt, hatte Korfu bereits 1861 kennen und recht bald diese schöne Insel des Mittelmeeres lieben gelernt. Nach dem Freitod ihres Sohnes, des Kronprinzen Rudolf 1889, wurde Korfu für sie eine Zufluchtsstätte, an der sie in aller Stille und Abgeschiedenheit über den Verlust ihres geliebten Sohnes trauern konnte. Bereits im Dezember 1888 hatte sie die Villa Vrailas Armenis sowie die umliegenden Grundstücke erworben und beauftragte Raffaele Carito und Antonio Landi mit dem Entwurf des prächtigen Sommerpalastes. Idee und Realisierung des gesamten Achilleionprojektes wurden maßgeblich vom österreichischen Konsul Alexander Baron von Warsberg bestimmt. Knapp drei Jahre später wa-

Musikpavillon auf der Esplanade von Korfu-Stadt. Die Insel Korfu war seit Mitte des 19. Jahrhunderts ein beliebtes Tourismusziel. Die elegante Stadt mit ihrer venezianischen, französisch und englisch beeinflußten Architektur entsprach auch den hohen Ansprüchen des Adels und vermögenden Bürgertums. Photo, um 1910.   *Privatbesitz*

ren die Bauten abgeschlossen. Die Kaiserin kümmerte sich persönlich um die Ausgestaltung der Innenräume und des Parks, für den sie bei der Familie des Fürsten Borghese Skulpturen u.a. von Antonio Canova erwarb oder bei zeitgenössischen Künstlern in Auftrag gab. Darüberhinaus schmückten originalgetreue Nachbildungen römischer Großbronzen aus Pompeji und Herculaneum das Ensemble. Das Achilleion erhielt seinen Namen nach Achilles, dem Sohn des Peleus und der Thetis. Er wurde von seiner Mutter in den Styx eingetaucht und war von da an unverwundbar bis auf die sprichwörtlich gewordene Achillesferse. Achilles tötete den Sohn des Königs Priamos von Troja, Hektor, und wurde später von Apoll durch einen Schuß in die Ferse umgebracht. Elisabeth, die Griechenland über alles liebte und das Altgriechische und Neugriechische beherrschte, hatte den Namen ihrer Zufluchtsstätte „Achilleion" selbst ausgewählt, um ihrer Bewunderung für diesen Helden des Ilias ein Denkmal zu setzen. „... und doch haben wir alle eine schwache Stelle, unsere Achilles-Ferse ...", schrieb sie und bezog diese Feststellung auf den Freitod ihres Sohnes. Das Achilleion wurde so auch zu einem Denkmal für den Kronprinzen Rudolf von Österreich, an den ein Kenotaph im Park und die Statue des sterbenden Achilles von Ernst Herter erinnerten. Nach der Ermordung der Kaiserin Elisabeth am 10. September 1898 in Genf war das Achilleion verwaist. 1905 besuchte Wilhelm II.: Korfu nach seinem ersten, kurzen Aufenthalt 1889 zum zweiten Mal. „Im Jahr 1905 stattete ich aus Anlaß einer Mittelmeerreise, nach vorheriger Verabredung, dem später (1913, Anm. d. Verf.) in Saloniki ermordeten König Georg von Griechenland einen Besuch auf der Insel Korfu ab ... Es wurden Fahrten zu Wagen über die zauberhaft schöne Insel gemacht, deren entgegenkommende Bevölkerung die Königsfamilie und ihren Gast ehrfurchtsvoll und freundlich begrüßte. Auf der Rückfahrt von dem Ausflugsorte Pelekas, mit herrlicher Fernsicht auf das freie Meer und die schroffe, stolze Südwestküste der Insel, schlug König Georg mir vor, das Achilleion zu besichtigen, das seit dem Tode der Kaiserin Elisabeth

Kaiserin Elisabeth von Österreich, genannt Sisi. Elisabeth war 1861 zum ersten Mal auf Korfu. Photo um 1860 von L. Angerer K. K. Hof-Photograph in Wien, Privatbesitz. Noch im Arbeitszimmer des Exil-Sitzes Huis Doorn hatte Wilhelm II. eine großformatige Reproduktion des Portraits der „Kaiserin Elisabeth mit aufgelöstem Haar" von Franz Xaver Winterhalter neben Erinnerungsbildern der kaiserlichen Familie.

Ὁδὸς Πηγῆς Αὐτοκρατείρας Ἐλισάβετ   Avenue de la Source de l' Impératrice Élisabeth   164
Γαστούριον - Κέρκυρα   Gastouri - Corfou

Weg zum Brunnen der Kaiserin Elisabeth in Gastouri-Korfu. Bildpostkarte nach einer Gouache von Angelos Gialliná. Der an der Kunstakademie in Venedig ausgebildete Künstler stammte von der Insel Korfu. Zu seinen Auftraggebern gehörten Kaiserin Elisabeth von Österreich und Kaiser Wilhelm II. sowie die Höfe von Griechenland, England, Italien, Rumänien und Sachsen. Der Absender der Postkarte schrieb: „Haben hier in der Nähe Orangen und Citronen vom Baum gepflückt." Bildpostkarte um 1908.

Privatbesitz

Schloß Achilleion unter der Kaiserstandarte, die Aufnahme wurde von Theodor Jürgensen 1908 gemacht und am 1. Mai von einem Besatzungsmitglied der „Hohenzollern" abgeschickt.   Privatbesitz

Ansicht von Korfu-Stadt, vom Hafen aus gesehen, Aufnahme von Theodor Jürgensen, abgedruckt in: Unser Kaiserpaar – Gedenkblätter zum 27. Februar 1906, Berlin 1906, S. 196.

unbenutzt und leer stehe. Das Schloß und die sehr vernachlässigten Gärten wurden besehen. Ich war völlig überwältigt von dem Zauber der klassischen Antike, der über dem Ganzen schwebte, wie von dem geradezu fabelhaft umfassenden Panorama, auf die Insel, den Kanal und das Festland von Epirus … Auf der Rückfahrt nach der Stadt Korfu schlug der König mir vor, das Achilleion zu kaufen und daraus einen Ruheplatz nach anstrengendem Winter für die Kaiserin und mich zu schaffen …"[12] Nach langwierigen Verhandlungen wurde das Achilleion im Frühjahr 1907 von Kaiser Wilhelm II. erworben, der Anordnungen für den Umbau traf und gleichzeitig von dem Architekten Ernst Ziller (1837-1923) ein Kavalierhaus planen ließ.[13] Im Gegensatz zur Kaiserin Elisabeth nutzte Wilhelm II. das Achilleion nicht allein zu privaten Zwecken, sondern machte es zur kaiserlichen Residenz. Das Kavalierhaus bot dem kaiserlichen Gefolge Raum und wurde auch von Staatssekretären und Kurieren genutzt. Die auf Reede liegende kaiserliche Yacht Hohenzollern diente der Beherbergung des Gefolges und von ab- und anreisenden Beamten. Auf dem Schiff wurde auch für die Bewohner des Achilleions gekocht. In seiner äußeren Erscheinung erinnert das schlichte Kavalierhaus in einer Talmulde unmittelbar neben dem Achilleion ein wenig an den Schinkel-Pavillon in Berlin-Charlottenburg.

Der Kaiser favorisierte 1907/08 längst einen schlichten neoklassizistischen Stil, der sich an dem nun wieder aktuell gewordenen Vorbild Karl Friedrich Schinkel orientierte, der ja übrigens auch für das Frühwerk des späteren Bauhaus-Direktors Walter Gropius richtungsweisend gewesen ist. Der Architekt Ernst Ziller war vorher bereits lange Jahre in Athen tätig gewesen, sein Bruder Hermann veröffentlichte 1899 in der Reihe der wohlfeilen „Knackfußmonographien" die erste breitenwirksame Darstellung des Lebenswerkes von Karl Friedrich Schinkel, die man als einen Ausgangspunkt für die nach 1900 einsetzende Schinkel-Renaissance und für den deutschen, an der Kunst um 1800 orientierten Neoklassizismus begreifen kann, wie ihn der Architekt Paul Mebes als mustergültig propagierte.[14]

Dem schlichten, von den das Achilleion besuchenden Touristen in aller Regel nicht beachteten Kavalierhaus kommt für das Architekturverständnis Wil-

Terrasse des Achilleions, die beiden Kentauren sind Reproduktionen des Kentaurenpaares, die im 18. Jahrhundert in der Villa Adriana bei Tivoli gefunden wurden. Postkarte, um 1905.   Privatbesitz

Wilhelm II. an seinem Arbeitstisch auf der oberen Terrasse des Achilleions. Im Hintergrund ist der „Sterbende Achill" von Ernst Herter zu sehen, den der Kaiser 1909 von der unteren Terrasse auf die obere transportieren ließ, um Platz für den „Siegreichen Achill" von Johannes Götz zu schaffen, Photo von Theodor Jürgensen aus dem Jahre 1912, abgedruckt in: Unser Kaiser – Fünfundzwanzig Jahre der Regierung Kaiser Wilhelm II. 1888-1913, Berlin, Leipzig, Wien, Stuttgart 1913, S. 420.

Zwei Schnappschüsse. Der Kaiser mit Gefolge beim Picnic unter einem Olivenbaum. Wilhelm II. umarmt den König von Griechenland. Vermutlich stammen diese Aufnahmen von der fotobegeisterten Tochter des Kaisers Victoria Luise. *Privatbesitz*

Die obere Terrasse mit der Hermesstatue, Photo, um 1908. *Privatbesitz*

„Der Kaiser und die griechische Königsfamilie bei einem Ausflug in der Nähe von Corfu", die Aufnahme von Theodor Jürgensen entstand während der Mittelmeerreise 1905. Die Schwester Wilhelms II. Sophie (1870-1932) hatte 1889 Kronprinz Konstantin von Griechenland geheiratet, der seinem 1913 in Saloniki ermordeten Vater König Georg in der Regierung folgte. Aufnahme von Theodor Jürgensen, abgedruckt in: Unser Kaiserpaar – Gedenkblätter zum 27. Februar 1906, Berlin 1906, S. 196.

„Das Kaiserpaar auf einem Ausfluge vom Achilleion nach Péleka." Ein kleiner Fels auf der Kuppel des Hügels, der das kleine Bergdorf Pélekas überragt, wurde auf Veranlassung des Kaisers zu einem Aussichtspunkt eingerichtet, um den Sonnenuntergang zu beobachten. Der Aussichtspunkt wird heute noch von vielen Touristen angesteuert und ist als Kaisers Throne bekannt. Aufnahme von Theodor Jürgensen, abgedruckt in: Unser Kaiser – Fünfundzwanzig Jahre der Regierung Kaisers Wilhelm II. 1888-1913, Berlin, Leipzig, Wien, Stuttgart 1913, S. 419.

Kaiserin Auguste Victoria (1858-1921) mit dem von Wilhelm II. entworfenen Kleeblattdiadem, Postkarte um 1910. Privatbesitz

helms II. eine besondere Bedeutung zu. Sehr zu unrecht setzt man das Architekturverständnis des letzten Deutschen Kaisers allzu einseitig mit einem pompösen Neubarock in Verbindung. Anfangs war sein persönlicher Kunstgeschmack, übrigens nicht unbeeinflußt von seiner sehr kunstsinnigen Mutter, der Kaiserin Friedrich, der Hochrenaissance und dem italienischen Barock zugewandt, nach 1900 wandte er sich schlichteren, eleganten Formen zu. Louis Seize und der strenge Berliner Frühklassizismus bestimmten fortan das persönliche Wohnumfeld und waren nach 1920 selbst noch bei der Einrichtung des Exilsitzes Huis Doorn bestimmend.[15] Die Veränderungen, die Wilhelm II. auf dem Achilleion vornehmen ließ, liefen alle auf eine Reduzierung der historistischen Pracht und auf Funktionalisierung der Schloßanlage hin. Im wesentlichen wurde aber der Charakter des Anwesens beibehalten.[16] Der Kaiser hatte gelobt: „... dem Achilleion seine Weihe zu erhalten, in dankbarer Erinnerung an die hohe, unglückliche Frau, deren Geiste dies Paradies auf Erden sein Erstehen einst verdankte: Kaiserin Elisabeth!"[17] Die notwendigen Umbauten zogen sich vom Frühjahr 1907 bis kurz vor dem ersten Aufenthalt des Kaisers Ostern 1908 hin. Die Reiseautorin Therese Kracht veröffentlichte 1908 ihr Buch „Korfu und das Achilleion", sie sah in Kaiser Wilhelm übrigens den Wegbereiter des deutschen Korfu-Tourismus:

> „Warum aber überhaupt nach Korfu? – Es ging doch bis jetzt auch ohne dasselbe; man reiste im Sommer an die See oder ins Gebirge und im Herbste, Winter und Frühling an die Riviera, nach Italien und schließlich nach Egypten. Warum und wann soll man denn jetzt auf einmal nach Korfu fahren? Es ist durchaus begreiflich, wenn viele, sehr viele so fragen, denn das ferne Eiland ist, trotzdem es gerade von Deutschen seit langen Jahren viel und gerne besucht wird, für die Allgemeinheit noch ziemlich unbekannt. Es war auch für mich bis vor kurzem nur ein geographischer Begriff aus der Schulzeit – nördlichste der jonischen Inseln und ausserdem identisch mit dem Lande der Phäaken aus der Odyssee. Dazu kam höchstens noch die Erinnerung an die un-

glückliche Kaiserin Elisabeth von Oestereich, welche dort auf einem Wunderschloss am liebsten geweilt hatte. Dann brachten im Mai 1907 die Zeitungen die Nachricht, dass unser Kaiser dies berühmte Schloss, das Achilleion, für sich erworben habe, und naturgemäss wuchs damit auch das Interesse für die Insel. Ein Zufall brachte uns in diesem Jahre mit begeisterten Korfu-Anhängern zusammen und wir wurden bestürmt, uns doch persönlich von der Wahrheit ihrer Schilderungen zu überzeugen und dann zu Nutz und Frommen der reiselustigen Menschheit unsere Erfahrungen zu veröffentlichen. Eigentlich hatten die Leute recht. Wenn erst unser Kaiser im Frühling nach dem Süden geht und zu längerem Aufenthalt in sein Schloss auf Korfu einzieht, so werden sich bald die Blicke der ganzen Welt auf diese kleine Insel richten. Wer's kann, wird dann ebenfalls sein Schifflein dorthin steuern, wer's nicht kann, wird gerne etwas darüber lesen wollen. Vor 10 Jahren in Norwegen lagen die Verhältnisse ähnlich; auch dort hatte unser Kaiser gewissermassen den Weg gezeigt; seine Vorliebe für die grosse gewaltige Natur des Nordens war bahnbrechend, und ich konnte damals in meinen 'Norwegischen Reisebildern' schon viel davon berichten, wie populär Kaiser Wilhelm und durch ihn wir Deutsche im Nordland geworden."[18]

Der Kaiser mit seiner Schwester, der Kronprinzessin Sophie von Griechenland, auf einem Spaziergang in Korfu-Stadt, die Aufnahme entstand während des Aufenthaltes 1908 und ist vermutlich Theodor Jürgensen zuzuschreiben. *Privatbesitz*

Das Peristyl der neun Musen an der Seeseite des Achilleions, Photo, um 1930.   *Privatbesitz*

„Der Sterbende Achill" von Ernst Herter wurde von Kaiserin Elisabeth in Auftrag gegeben und 1890 von Wien nach Korfu verbracht. Photo, um 1930.   *Privatbesitz*

Marmorrelief mit einer Darstellung des Aufstieges von Orpheus und Eurydike aus der Unterwelt in Begleitung von Hermes. Das Relief wurde Wilhelm II. von den Handelskammern Bayerns anläßlich seines 25-jährigen Thronjubiläums 1913 geschenkt. Der Kaiser schätzte die Komposition von Christoph Willibald von Gluck (1714-1787) und ließ die Oper „Orfeo ed Euridice" an der Königlichen Oper in Berlin wiederholt zur Aufführung bringen.
Photo: Jörg Michael Henneberg

Das Peristyl mit den Musen, im Hintergrund ist das Marmorrelief mit Orpheus und Eurydike zu sehen. Photo, um 1930. *Privatbesitz*

Das schmiedeeiserne Tor zum unteren Teil des Parkes von Schloß Achilleion, auf der Anhöhe im Hintergrund der Rundtempel mit der Skulptur des Dichters Heinrich Heine (1797-1856) Wilhelm II. ließ 1908 das Heine-Denkmal entfernen und durch ein Denkmal für Kaiserin Elisabeth von Österreich ersetzen. Das Entfernen des Heine-Denkmals wird häufig als Beweis für auf den Antisemitismus Wilhelms II. angeführt. Ein Blick in die diesbezüglichen Akten im Geheimen Staatsarchiv Preußischer Kulturbesitz zeigt jedoch, daß der Kaiser das Standbild allein deshalb entfernen ließ, weil ihm persönlich die Dichtungen Heines nicht zusagten und er der verehrten Kaiserin Elisabeth ein Denkmal an prominenter Stelle im Park errichten wollte. Anonym eingesandte Briefe der Alldeutschen und der Antisemiten blieben auf Wunsch des Kaisers unbeachtet, wie ein Aktenvermerk zeigt. Wilhelm II. wollte diese Maßnahme keinesfalls als antisemitisch verstanden wissen. Photo, um 1895.   *Privatbesitz*

Kavalierhaus, Detailaufnahmen.
Photo: Jörg Michael Henneberg, 2002

Das links neben dem Eingang zum Achilleion, in einer Talmulde gelegene Kavalierhaus wurde 1907/ 1908 nach Plänen von Ernst Ziller erbaut. Das schlichte Kavalierhaus erinnert in seiner edlen Schmucklosigkeit an den Schinkel-Pavillon neben dem Charlottenburger Schloß.
Photo: Jörg Michael Henneberg, 2002

Schmuckseite mit Photos von der Mittelmeerreise 1905. Die Personenaufnahmen stammen von Theodor Jürgensen, sie wurden in dem Band „Unser Kaiserpaar", Berlin 1906, auf Seite 195 abgedruckt.

Der Kaiser versteckt Ostereier für die Mannschaften der „Hohenzollern". Photo von Theodor Jürgensen, um 1908. Nahezu alle Aufnahmen Jürgensens von den Mittelmeerfahrten wurden als Postkarten veröffentlicht.   *Privatbesitz*

Therese Kracht berichtet in ihrem Reisebuch auch von einem Besuch, den sie dem im Umbau befindlichen Achilleion mit Erlaubnis des Hofmarschallamtes 1907 abstattete:

„Wir kamen mitten hinein in die umfassenden Renovierungsarbeiten; über Baugerüste und Schutthaufen führte unser Weg, und doch siegte die natürliche Schönheit der Gesamt-Anlage über alles Störende der augenblicklichen Verfassung ... Ich möchte, ehe wir das Haus verlassen, noch einschalten, dass das Schloss, so wie es übernommen wurde, sich als viel zu klein für den kaiserlichen Haushalt und Hofstaat erwies. Man war gezwungen, auf das flache Dach noch einen kleineren Aufbau zu setzen und ein grösseres Kavalierhaus neben dem Schloss aufzuführen. Die neue Einrichtung des Kaiser-Schlosses wurde der bekannten Berliner Ausstattungs-Firma C. Prächtel übertragen, und zwei Dampfer der Hamburg-Amerika-Linie brachten schon im Januar dieses Jahres das gesamte Mobiliar, die Dekorationen, Teppiche, Bilder und Kunstwerke, alle Komfort-, Luxus- und Wirtschaftsgegenstände, deren der Riesenhaushalt bedarf, mit einem ganzen Stabe von Künstlern, Dekorateuren, Tapezierern und Arbeitern nach Korfu. Als wir dort waren, galt es noch einen Berg von Schwierigkeiten zu beseitigen, ehe an die innere Einrichtung und Ausschmückung gedacht werden konnte. Garten und Park durchzogen tiefe Gräben für Telephon- und Telegraphendrähte, für elektrische Licht-Anlagen und für die neue Wasserleitung, nachdem man endlich einen artesischen Brunnen gefunden hatte, welcher köstliches, felsenfrisches Trinkwasser liefert. Zum Bau musste damals alles Wasser von dem fast einen Kilometer entfernten Brunnen herbeigeschafft werden, und die schönen Korfiotinnen trugen, nach der Sitte des Landes, auf ihrem malerischen Kopfputz die schweren Amphoren den steilen Bergpfad hinauf. Zwölf Krüge schleppt jede pro Tag und verdient sich damit 1 Drachme, etwa so viel wie 1 Frcs. Die Ausführung der ganzen Baulichkeiten war vom kaiserlichen Hofmarschallamt dem Hofbaurat Professor Ziller aus Athen übertragen worden, der auch schon seit Anfang Oktober dauernd auf dem Achilleion anwesend ist. Die Oberleitung und Verwaltung liegt in den Händen des Geheimen Hofrats Buro aus Berlin, unter dessen baulicher Oberaufsicht sämtliche kaiserliche Schlösser stehen."[19]

Zum Osterfest 1908 konnte Wilhelm II. mit Gemahlin und Gefolge erstmals auf dem Achilleion residieren. In seinen 1924 erschienenen „Erinnerungen an Korfu" berichtete er von diesem ersten Aufenthalt:

„Im Jahre 1908 reisten die Kaiserin und ich mit Gefolge auf S. M. Y. 'Hohenzollern' von Venedig über Syrakus, Palermo und Messina nach Korfu. Man kann sich die Aufregung unter allen auf dem Schiff denken, als zum erstenmal in der weiten Ferne die blassen Umrisse des mächtigen festungsartigen Bergmassivs von Korfu, des Pantokrator, des 'Beherrschers des Alls', aus blauen Meeresfluten emportauchten und das Gebirge stetig heraufwuchs."[20]

Der Kaiser und seine Begleiter erlebten mit geradezu frenetischer Begeisterung die Schönheit des Achilleions und Korfus. Wilhelm II. schrieb in seinen Korfu-Erinnerungen:

„… Staunende Ausrufe, klassische Zitate werden laut, und helle, freudige Begeisterung leuchtet aus allen Blicken ob dieses Paradieses mit seiner Stille und seiner Farbensymphonie. Das ist Griechenland! Das ist die klassische Schönheit! Hier schreitet der mächtige Geist der ewigjungen, nie zu übertreffenden edlen Antike unmittelbar neben uns her! Weiter geht es unter meiner Führung über die Mittelterrasse, die weißen Marmortreppen von hellvioletten Glyzinien übergossen, hinab auf die große Achilles-Terrasse. Hier umfängt die staunende Schar tiefes Dunkel eines dichtgewachsenen Haines mächtiger Dattelpalmen, der von beiden Seiten durch hohe, gegen Wind und Wetter Schutz bie-

tende Laubengänge eingefaßt ist. Von ihnen herab ergießen in wildem bunten Gewirr Glyzinien- und Rosenblüten ihre Farbenpracht und ihren Duft. Durch den Hain schlängelt sich der Weg zwischen Primeln- und Schlüsselblumeneinfassungen der mit Tulpen und Cinerarien abwechselnd besetzten Beete. Endlich tritt man hinaus auf die große, halbrunde Plattform des Terrassenabschlusses vor dem sterbenden Achill ins Freie. Welch ein Blick! Ein Panorama von über 12 deutschen Meilen in der Runde! Die Insel Korfu, die Stadt, das Meer, Epirus' Gebirge, kulissenartig übereinander sich türmend, von den Akrokeraunischen Bergen bis zu den schneebedeckten Bergketten bei Jannina! Darunter überall das indigoblaue herrliche Meer und darüber das leuchtende Azur des südlichen Himmels.
Die Ausrufe des Staunens waren verstummt. Tiefes Schweigen hatte sich aller bemächtigt. In Andacht versunken, genossen die aus dem verschneiten, lärmenden Berlin entflohenen Deutschen diese Pracht der Schöpfung, die das Herz dem Schöpfer zuwendet. Die Kaiserin wandte sich schweigend zum Gemahl und drückte ihm still die Hand. Ein neben mir stehender Herr flüsterte mir leise zu: 'Hier fehlen die Worte, hier kann man nur anbeten, hier ist Gott in der Nähe."[21]

Seine „Erinnerungen an Korfu" sind sicher das poetischste literarische Werk des Kaisers. Sein literarisches Talent wurde übrigens bereits 1964 von Golo Mann erkannt und gewürdigt, indem er schrieb: „… (Seine Memoiren) sind rein literarisch beurteilt kein schlechtes Buch."[22]

Das Achilleion besuchten der Kaiser, die Kaiserin, die kaiserliche Familie von einem ansehnlichen Gefolge begleitet 1908, 1909, 1911, 1912 und 1914 stets um die Osterzeit für etwa einen Monat. Die Kaiserliche Familie und ihr Gefolge reisten dann mit dem Hofzug bis Venedig oder Genua und gingen dort an Bord der Yacht Hohenzollern, die von Kiel oder Wilhelmshaven kommend Gibraltar umquert hatte.
1910 ordnete Wilhelm II. an, Herters „Sterbenden Achill" zu versetzen, um an seiner Stelle den „Siegreichen Achill" von Johannes Götz aufzurichten. Das Denkmal für Heinrich Heine, den Dichter, den die Kaiserin Elisabeth besonders verehrt hatte, verkaufte der Kaiser und ließ an dessen Stelle ein Standbild der von ihm verehrten Herrscherin errichten.

„Der schöne 'Sterbende Achill' in weißem Marmor, von Herters Meisterhand für Kaiserin Elisabeth einst gebildet, war für die große Terrasse doch zu klein, zumal er von mächtigen Dattelpalmen beschattet war, deren Zweige bis über vier Meter lang sich ausstreckten. So ließ ich ihn auf die kleinere Mittelterrasse hinaufbringen, und an seiner Stelle ragt jetzt das eherne, 10 m hohe Standbild des Peliden, in voller Waffenrüstung, auf seinen Speer gestützt, das Antlitz zur Stadt Korfu gewendet.

Wilhelm II. Entwurfszeichnung, Bleistift, handschriftlich bezeichnet „Achilles für Corfu 1908", Stiftung Preußische Schlösser und Gärten Berlin-Brandenburg, Aquarellslg. 3663 c 2.
Photo: Stiftung Preußische Schlösser und Gärten Berlin-Brandenburg
Im Jahre 1910 ließ Wilhelm II. im Park von Schloß Achilleion die Kolossalstatue des „Siegreichen Achill" errichten. Die Bronzeplastik schuf Johannes Götz auf Empfehlung des Bildhauers Reinhold Begas nach einer Zeichnung des Kaisers.

Das Errichten von Denkmälern im In- und Ausland war für Wilhelm II. ein wichtiger Teil seiner imperialen Repräsentation. Die Sockelinschriften wurden nach Vorgaben des Kaisers verfaßt. Als nordisches Pendant zum homerischen Achill ließ Wilhelm II. 1913 die Kolossalstatue des norwegischen Helden Fridtjov von Eduard Unger am Sognefjord aufstellen. „Den Norwegern – Kaiser Wilhelm – 1913", kündete eine Bronzetafel. Die Sockelinschrift „Fridtjov" war dem altnordischen Runenalphabet nachempfunden.

„Der Siegreiche Achill" von Johannes Götz wurde 1910 im Park des Achilleions aufgestellt. Am 6.10.1910 konnte Johannes Götz seinem kaiserlichen Auftraggeber telegraphisch die gelungene Aufstellung der Statue melden: „Telegramm von Corfu/Cadinen. Seine Majestät Deutscher Kaiser Kadinen. Aufstellung der Achilleus Statue durch Mannschaften S.M.S. Victoria Louise glücklich vollendet. Johannes Goetz." Geheimes Staatsarchiv Preußischer Kulturbesitz. Die altgriechische Sockelinschrift verfaßte der Archäologe Wilhelm Dörpfeld gemeinsam mit Wilhelm II. Sie lautete in deutscher Übersetzung: „Diesen Peliden Achill stellte der gewaltigen Deutschen Wilhelm auf als Denkmal für die Nachkommen" (Übersetzung Markus Leyh 2004).

Johannes Götz hatte bereits 1901 für seinen kaiserlichen Auftraggeber das Standbild des römischen Kaisers Antoninus Pius, des Erbauers, des im Auftrage Wilhelms II. rekonstruierten Römerkastells Saalburg geschaffen. Die Inschrift für das Postament wurde von Theodor Mommsen verfaßt: „Imperatori Romanorum Tito Aelio Hadriano Antonino Augusto Pio Guilelmus II. Imperator Germanorum". Dem Kaiser der Römer Titus Aelius Antoninus Augustus Pius, gewidmet von Wilhelm II., Kaiser der Deutschen.

Photo: Jörg Michael Henneberg 2002

Aufnahme von der Aufstellung der Achillesstatue durch Mannschaften S.M.S. Victoria Louise Anfang Oktober 1910. „Der Siegreiche Achill" wurde der Öffentlichkeit bereits im März 1910 im Rahmen der Berliner Landeskunstausstellung präsentiert. Wilhelm II. mußte seine bereits geplante und weitgehend organisierte Korfu-Reise 1910 wegen der Krise auf dem Balkan absagen. Erst 1911 konnte er den Achilles am vorgesehenen Aufstellungsort in Augenschein nehmen. Bereits am 30. März 1911 sandte Wilhelm II. ein Glückwunschtelegramm an Götz. Im gleichen Jahr wurde der Bildhauer als Ehrengast in die dem Kaiser gehörende Villa Falconieri bei Frascati unweit Roms eingeladen. Photo, 1911.

Privatbesitz

Es ist das Werk des Bildhauers Prof. Johannes Götz, der sich so vollkommen in die klassische Kunst hineingedacht hat, daß er der Antike ähnliche Bildwerke zu schaffen imstande ist. Er hatte früher schon eine kleine Bronze gebildet von so feinem, klassischem Empfinden, daß der große Begas zu mir einmal sagte: 'Ich gäbe mein halbes Leben dafür, wenn ich das gemacht hätte. Das sieht aus, als ob es in Pompeji ausgegraben worden wäre. Wenn nun Eure Majestät mal ein antik-empfundenes Bildwerk brauchen, dann wenden Sie sich an den Mann; er wird etwas Gutes leisten, denn er kann antik denken.' Begas hatte recht'."[23]

Die 5,5 m hohe und mit dem Sockel mehr als 11 m messende Statue des siegreichen Achilles erhielt im Sockel die folgende alt-griechische Inschrift:

„Diesen Peliden Achilleus ließ Wilhelm (Herrscher) der starken Deutschen, als Denkmal für die Nachwelt errichten."[24]

Die Inschrift in Bronzebuchstaben wurde im Ersten Weltkrieg von französischen Soldaten herausgebrochen, die das Achilleion als Lazarett nutzten und sie ist keinesfalls chauvinistisch gewesen, wie es uns spätere Biographen des Kaisers glauben machen möchte.

Über die von ihm verfügten Veränderungen an dem Tempietto mit der Darstellung des sitzenden Heinrich Heine schrieb der Kaiser:

„An dem unteren Drittel des Berghanges, auf einer halbrunden Plattform des Parks, hatte die Kaiserin Elisabeth einen kleinen, offenen, von Marmorsäulen getragenen, mit einer vergoldeten Nike gekrönten Tempel errichtet. Zu beiden Seiten führen Treppen um ein Bassin mit Fontäne herum, deren Geländer mit Glyzinien überrankt sind. Von hier aus senkt sich ein gepflasterter Weg nach dem Hafen des Achilleions hinab, auf jeder Seite von einer dichtgedrängten Reihe von Zypressen begleitet, von ganz ungewöhnlich mächtigem Wuchs. In diesem Tempel stand ein Marmorbild von Heine, dem Lieblingsdichter der Kaiserin Elisabeth. Er war dargestellt im Hemde auf einen Sessel hingesunken, die Beine von einer Decke umhüllt. Kein geeignetes Motiv für einen Tempel. Ich verkaufte das Bildwerk an einen Liebhaber in Hamburg und setzte an seine Stelle eine Kopie des entzückenden Standbildes der Kaiserin Elisabeth, welches die Stadt Salzburg ihr zum Gedächtnis errichtet hat. Die Erlaubnis zur Nachbildung für das Achil-

Rundtempel mit der Bildhauerreplik des Salzburger Denkmals der Kaiserin Elisabeth von Österreich. Photo: Privat

Fragmente vom Giebelfeld des Artemistempels mit der Gorgo. Das Photo, das die Situation nach der Auffindung des Frieses wiedergibt ist inszeniert und zeigt den „expressionistischen Blick" des Photographen. Photo: Theodor Jürgensen, 1911, abgedruckt in: Wilhelm II. Erinnerungen an Korfu, Berlin, Leipzig 1924, S. 49.

leion gab die von mir erfragte Stadt Salzburg in liebenswürdigster Weise, und derselbe Künstler, der das Original geschaffen, verfertigte auch die Kopie. Das schöne Haar in Flechten zu Diademform auf dem Haupt zusammengelegt, in schlichtem Alltagsgewande, die Hände vorn über dem Fächer gekreuzt, mit sanftem Lächeln auf den schönen Zügen, scheint die Kaiserin den Berg hinabzuschreiten, genau wie ich als Knabe sie einst in Hetzendorf gesehen hatte, so täuschend ist ihre Bewegung vom Künstler wiedergegeben. Ein Bild voll zarten Liebreizes, vornehmer fürstlicher Haltung und Frauenanmut, dabei von sprechender Ähnlichkeit, so steht sie da, in blendend weißem Marmor gebildet, das Antlitz dem blauen Meere zugewandt, das sie so sehr geliebt, von tiefem Grün umrahmt, zu Füßen ein leuchtend Band von Blumen, die hohe Schöpferin des Achilleions, Österreichs schöne Kaiserin Elisabeth."[25]

1911 wurden in der Nähe von Korfu-Stadt die Reste eines archaischen Tempels mit einer Darstellung der Gorgo im Giebelfeld gefunden. Der Kaiser, der sich schon seit seiner Jugendzeit für Archäologie begeisterte, war „Feuer und Flamme" und selber maßgeblich an den Ausgrabungen beteiligt. In seinen 1924 erschienenen „Erinnerungen an Korfu" bilden die Schilderung und die ausführliche wissenschaftliche Erörterung des Fundes einen deutlichen Schwerpunkt. 1936 veröffentlichte Wilhelm II. seine kulturmorphologische Schrift zur Gorgo, 22 Jahre nach seinem letzten Aufenthalt auf Korfu.[26] Die von ihm initiierte „Doorner Arbeitsge-

Wilhelm II. mit dem Archäologen Wilhelm Dörpfeld an der Ausgrabungsstätte. Photo: Theodor Jürgensen, 1911. Ein besonderes Interesse wandte der Kaiser bereits in jungen Jahren der ältesten griechischen Geschichte, der Archaischen Epoche zu. Er begeisterte sich für die Ausgrabungen Heinrich Schliemanns, dessen Mitarbeiter Wilhelm Dörpfeld zum wichtigsten Vertrauten bei allen archäologischen Fragen des Kaisers wurde. Die Aufnahme zeigt die Auffindung antiker architektonischer Terrakotten. Abgedruckt in: Wilhelm II: Erinnerungen an Korfu, Berlin, Leipzig 1924, S. 111.

Wilhelm II. vor dem aufgerichteten Löwentorso des Artemis-Tempels. Photo: vermutlich Theodor Jürgensen, 1911.

Die Gorgo hat Wilhelm II. bis zu seinem Tode im Doorner Exil 1941 immer wieder fasziniert und beschäftigt. Photo: Theodor Jürgensen, 1911, abgedruckt in: Hans Schöningen: Kaiser Wilhelm II. und seine Zeit in Wort und Bild, Hamburg 1913, S. 166. Die leicht seitliche Draufsicht zeigt, daß der Photograph Theodor Jürgensen sich den Mitteln der expressionistischen Kameraführung bediente.

meinschaft" D.A.G widmete sich unter der Leitung von Leo Frobenius kulturmorphologischen Fragen. In den Ergebnissen der archäologischen Forschung sah Wilhelm II. den Schlüssel zum Weltverständnis. Sebastian Haffner macht dies an einer Szene aus dem 1. Weltkrieg in seinen „Preußischen Profilen" deutlich.

„Es ist Juni 1916. Nach dem Essen läßt der Kaiser sich eine ihm zugegangene Denkschrift über die Entzifferung der Hethitersprache zukommen und liest sie vor, raisonniert dann darüber, daß man ihm diese äußerst wichtige Sache nicht gleich gemeldet. Als Lyncker bemerkt, man habe wohl geglaubt, der Kaiser sei im Kriege mit wichtigeren Dingen beschäftigt, brauste er auf und sagte: 'Was wichtigere Dinge? Die Erschließung der Hethitersprache ist mindestens so wichtig wie der ganze Krieg. Hätte sich die Welt mehr mit den Hethitern beschäftigt, so wäre der Krieg gar nicht ausgebrochen'."[27]

Außerordentlich anschaulich schildert der Kaiser in seinen Erinnerungen die Begeisterung, die ihn bei der Aufdeckung des Artemis-Tempels mit dem Gorgo-Fries packte:

„Eines Tages in der Osterwoche des Jahres 1911 erhielt ich aus der Stadt die Meldung, es sei auf einem Grundstück in der Nähe des Einganges von 'Monrepos' ein steinerner alter Tierkopf gefunden worden; man fragte an, ob ich nicht zu den Arbeiten kommen wolle; vielleicht sei

Ergänzter Aufriß des Gorgo Artemis-Tempels, abgedruckt in: Kaiser Wilhelm II.: Studien zur Gorgo, Berlin 1936, Frontispiz. Dieser Veröffentlichung stellte der exilierte Kaiser voran: „Dem Andenken meines verewigten Vaters Kaiser Friedrich III. des Schirmherren der Königlichen Museen und Kunstsammlungen, des Förderers der Ausgrabungen von Olympia."

noch mehr zu erwarten; die Arbeiten würden von der griechischen Regierung vorgenommen. Nach Ablauf der Feiertage begab ich mich morgens früh mit dem Auto nach der Fundstelle. Es war ein Gartenfeld in der Nähe der alten Stadtmauer, unmittelbar neben einem Nonnenkloster gelegen. Ich besichtigte das merkwürdige archaische Löwenhaupt, welches auf mich den Eindruck sehr hohen Alters machte. Die Arbeiter waren beschäftigt, mit Erdbohrern den Boden zu prüfen, und bald stieß der Führer, der schon früher Grabungen mitgemacht hatte, auf einen Steinwiderstand. Es wurde beschlossen, den Stein freizulegen. Der griechische Archäologe, der die Grabungen leitete, überließ mir bald die Leitung der Arbeiten, welche die Korfioten in recht gemütlicher Weise, von Zigaretten und Unterhaltungen unterbrochen, langsam ausführten. Nach längerem Graben wurde eine Steinplatte zum Teil freigelegt, die, fest in den Boden gedrückt, keine Spur von Verzierung zeigte. Sie wurde bis zu einer ihrer Seiten von Erde befreit. Dort wurde hinuntergegraben, bis die Dicke der Platte sich erkennen ließ, um dann langsam das Erdreich unter der freien Ecke der Platte fortgeräumt, um zu ergründen, ob etwa die untere Seite bearbeitet sei. Endlich war die Grube so tief, daß der Vorarbeiter – der sich mit mir inzwischen durch Pantomimen, Vokabeln aus dem Wörterbuch, Zigaretten usw. in Freundschaft geeinigt und als Vize-Bürgermeister von Garitza, einer Vorstadt von Korfu, vor-

Wilhelm II. zu Beginn der Ausgrabungsarbeiten im April 1911. Photo: Theodor Jürgensen, 1911, abgedruckt in: Hans Schöningen, Kaiser Wilhelm II. in Wort und Bild, Hamburg 1913, S. 166.

Wilhelm II. läßt sich von Wilhelm Dörpfeld die Funde erläutern. Photo: Victoria Louise Herzogin von Braunschweig und Lüneburg, geb. Prinzessin von Preußen. Die Tochter des Kaisers hat als begeisterte Photographin viele Szenen des gemeinsamen Lebens auf Korfu festgehalten.
Privatbesitz

gestellt hatte – mit der Hand weit unter die Platte greifen und sie befühlen konnte. Gespannt fixierte ich das Gesicht des Mannes: erst war es unbewegt, aber plötzlich schoß ein Strahl über die verwitterten Züge. Er rief den Leuten etwas zu, was mir verdolmetscht wurde: 'es muß der alte König des Landes sein, denn er hat gut erhalten lange Locken'."[28]

Die Entourage soll sich übrigens über das „achäologische Fieber" des Kaisers amüsiert haben. Es wurde behauptet, man hätte das Relief mit der Gorgo absichtlich zu Füßen des Achilleions vergraben, damit der Kaiser es ausgraben konnte. Nun wurden die Überreste des Artemis-Tempels mit der Reliefdarstellung der Gorgo allerdings in der Nähe des Eingangs zum Schloß „Monrepos" gefunden, das etwa 10 km vom Achilleion entfernt liegt, und der König von Griechenland übertrug Kaiser Wilhelm offiziell die Grabungsleitung. Gut vor-

Wilhelm II. erläutert seinem Gefolge die archäologischen Funde des Jahres 1911. Photo: Theodor Jürgensen, 1911. Privatbesitz

Ausgrabungsarbeiten in der Nähe des Schlösschens Mon Repos. Photo: vermutlich Theodor Jürgensen, 1911, Huis Doorn, Niederlande.

bereitete und somit fingierte Ausgrabungen in Anwesenheit fürstlicher Personen waren seit dem 19. Jahrhundert übrigens in den verschütteten Vesuvstädten Pompeji und Herculaneum bei Anwesenheit fürstlicher Personen gang und gäbe. Mit der Mär von der fingierten Fundsituation wollte man augenscheinlich Wilhelms professionelles Engagement für die Archäologie auf die Ebene des üblichen fürstlichen Diletantismus herabstufen. Abwertende Biographen wie Emil Ludwig sahen in dem archäologischen Engagement des Kaisers lediglich eine ridiküle Marotte. Wie weitgehend seine archäologischen Kenntnisse bereits 1911, also lange vor seinem Doorner Exil, waren, wird bei der Zuordnung eines von Wilhelm persönlich gemachten Fundes, einer Metope des Gorgo-Tempels mit der Darstellung eines Kriegers, deutlich.

Beginn der Ausgrabungen am Frauenkloster 1911. Photo: Theodor Jürgensen, 1911, abgedruckt in: Wilhelm II.: Erinnerungen an Korfu, Berlin, Leipzig 1924, S. 45.

„Ein kostümlich höchst interessanter Fund wurde von mir persönlich gemacht. Eine etwa meterhohe Reliefplatte wurde aufgedeckt, die auch auf ihrer Vorderseite lag. Nach ihrer Umdrehung befreite ich den Stein mit Schwamm, Bürste und Wasser selbst vorsichtig von dem ihm anhaftenden Erdreich. Es kam die Kampfdarstellung eines vollbewaffneten hellenischen Kriegers zum Vorschein (Abb. 24). Aber wie erstaunte ich,

„Der Kaiser auf Korfu bei den Stücken des Gorgo Giebels", Photo: Theodor Jürgensen, abgedruckt in: Unser Kaiser – Fünfundzwanzig Jahre der Regierung Kaiser Wilhelm II. 1888-1913, Berlin, Leipzig, Wien, Stuttgart 1913, S. 286.

als ich an der sehr akkurat und sauber ausgeführten Bewaffnung zum ersten Male bei antiken Kriegern Ober- und Unterarmschienen entdeckte, welche, wie die Darstellung gut erkennen ließ, nicht etwa mit Riemen festgemacht, sondern federnd angebracht waren und je nach dem Muskelspiel des Armes sich öffneten, nachgaben oder sich wieder zusammenzogen. Eine sofortige Nachricht an Prof. Karo in Athen teilte die Entdeckung mit und bat um Angabe, ob solche Darstellung irgendwo, etwa auf Vasen, schon vorhanden sei. Nach vielem Forschen und Vergleichen konnte Prof. Karo melden, daß Oberschenkelschienen und ein kurzer Oberarmschutz auf einzelnen alten Vasenbildern vorkommen, die Unterarmschiene sei aber bisher nirgendwo zu finden; voraussichtlich werde das gefundene Relief wohl die erste Darstellung dieser Schienen, somit ein Unikum in der griechischen Bewaffnungsgeschichte sein. Man denke sich einen hellenischen Helden auf der Bühne mit metallenen Oberarm-, Unterarm-, Oberschenkel- und Beinschienen angetan! Er würde das Publikum zu der Annahme verleiten, daß der Herr Theaterintendant aus Versehen in die Requisiten der Jungfrau von Orleans hineingegriffen und einen Ritter herausstaffiert habe!"[29]

Auch seinen „Vetter", den Zaren Nikolaus II. von Rußland, informierte er in einem Brief vom 21. April 1911 über seine achäologischen Entdeckungen.

Korfu, 21. IV. 1911

Liebster Nicky!
Da Dein Osterfest herannaht, bitte ich, Dir meine wärmsten Osterwünsche mit diesen Zeilen senden zu dürfen. Es ist eine Zeit, in der man immer seine Handlungen und Gedanken vorüberziehen läßt, bevor man zum Abendmahl geht; und zu diesem und danach geht man mit frischen Entschlüssen und neu gefestigten Überzeugungen ins Leben zurück. Zu diesen rechne ich unser Verhältnis zueinander

Krieger von einer Metope des Gorgo-Tempels.
Der Fund dieses Fragmentes einer Metope wurde von Wilhelm II. persönlich gemacht. Die etwa meterhohe Reliefplatte lag auf ihrer Vorderseite. Nach ihrer Umdrehung befreite der Kaiser das Relief von dem anhaftenden Erdreich. Zum Vorschein kam die Darstellung eines Kriegers. Das Relief befindet sich im Gorgo-Saal des Archäologischen Museums von Korfu-Stadt. Abbildung abgedruckt in: Wilhelm II.: Erinnerungen an Korfu, Berlin, Leipzig 1924, S. 91.
Photo: vermutlich Theodor Jürgensen

Giebelfeld des Artemistempels mit der Gorgo, Archäologisches Museum Korfu-Stadt.
Photo: Archäologisches Museum Korfu-Stadt

und unsere feste Freundschaft füreinander, die in Wolfsgarten und in Potsdam so glücklich befestigt wurde. Du kannst immer auf mich und meine treue Teilnahme an Dir, Deiner Familie und Deinem Land zählen. Wir hatten eine liebliche Zeit hier inmitten von Blumen, Duft, blauem Himmel und Sonne. Nur in der vorletzten Woche war es kalt und regnerisch. Bei einem zufälligen Ausgrabungsversuch wurden wir höchst überrascht und interessiert durch die ganz unerwartete Entdeckung von ganz gewaltigen Skulpturen, die, wie es scheint, zu einem antiken Tempel gehören, der bis zum 6. und 7. Jahrhundert vor Christi zurückdatiert. Ich verbrachte mehrere Tage im glühenden Sonnenschein und sah bei dem Sichtbarwerden der verschiedensten Gegenstände zu, was sehr aufregend war und Dich lebhaft unterhalten hätte.
Anliegend übersende ich Dir einige Photographien von unserem Hause und Garten mit der Statue von Achilles, die ich auf die Terrasse stellen ließ."[30]

Über das von ihm in Auftrag gegebene Standbild des Siegreichen Achilles schrieb der Kaiser:

„Der von mir nach Korfu berufene Bildhauer war im Nu unter dem Zauber des Achilleions, gehoben in dem Gedanken, an dieser Stelle ein Werk von sich aufstellen zu dürfen; er war sofort, wie man sagt, im Bilde. Als die Statue in der Gladenbeckschen Gießerei fertig aufgestellt war, kamen die Kaiserin und ich dorthin zur Besichtigung und waren über-

wältigt. Der Direktor erzählte uns, daß Klassen einzelner Gymnasien und anderer Schulen, auch ein Arbeiterverein das Standbild besehen hätten und tief beeindruckt gewesen seien von seiner Schönheit und Wucht, sowie von der Großartigkeit der Aufgabe, mit der der Künstler betraut war. Nunmehr ragt der mächtige Held der Homerischen Ilias in Erz auf der Terrasse des Achilleions als Wahrzeichen des Hauses und als Denkmal uralter Geschichte des Landes, in voller Jugendkraft und Schönheit, selbstbewußt und stolz, der achäische Fürst der Myrmidonen. Wunderbar ist der Augenblick, wenn am Abend die untergehende Sonne den gewaltigen Schild mit seiner Goldverzierung, sowie Helmbusch und Speerspitze, die gleichfalls vergoldet sind, mit ihren feurigen Lichtpfeilen trifft, so daß sie weit über die Insel hin erglänzen.
Magisch dagegen, wie in überirdischem Zauber, wirkt das Standbild, wenn es in dunkler Nacht auf pechschwarzem Hintergrunde des Palmenhaines von Scheinwerfern beleuchtet wird. Dann sieht es von weitem aus, als schwebe eine weiße, glühende, anscheinend durchsichtige Geistergestalt über dem dunklen Berge, um in Wehr und Waffen das Achilleion zu schirmen."[31]

Im April/Mai 1914 besuchte die kaiserliche Familie zum letzten Mal Korfu und das Achilleion. Im Ersten Weltkrieges trat Griechenland 1916 auf die Seite der Entente. Das Achilleion wurde 1916 von den serbisch-französischen Besatzungstruppen als Lazarett genutzt. Der Vertrag von Versailles verfügte die Enteignung des Achilleions aus dem Besitz des Deutschen Kaisers und die Übereignung an den griechischen Staat. Die Insel Korfu und sein geliebtes Schloß Achilleion hat Wilhelm II. nach 1914 nie wieder gesehen.

Wilhelm II. bei den Ausgrabungsarbeiten, neben ihm rechts der Archäologe Wilhelm Dörpfeld (1853-1940). Dörpfeld begann als Assistent von Heinrich Schliemann. Seine präzise Detailbeobachtung und Interpretation von Grabungsbefunden in Olympia, Troja, Pergamon und Tiryus machten ihn zum Begründer moderner Grabungsmethoden wie bauwissenschaftlicher Forschung. Dörpfeld leitete von 1887 bis 1911 das Deutsche Archäologische Institut in Athen. Photo, vermutlich Theodor Jürgensen. Privatbesitz

Wilhelm II.

Ein Tag auf Korfu[32]

Hier möge die Schilderung eines Tages im Achilleion Platz finden, um dem Leser ein Bild zu geben von der Tageseinteilung und von dem Leben, wie es sich dort abspielte.

Morgens früh, bald nach Sonnenaufgang, machte ich gewöhnlich mit einigen Herren meiner Begleitung, darunter stets mein treuer Freund Fürst Fürstenberg, einen mehrstündigen Spaziergang. Bald wurde der Kyriaki-Berg erstiegen, um den herrlichen Rundblick über Insel, Meer und Festland zu genießen, bald wurde am halben Hang dieses Berges ein Fußpfad benutzt, der zum Teil an der von den Briten einst angelegten Wasserleitung für die Stadt Korfu entlang führt nach dem reizvollen Tal, wo die Quellen entspringen und in niedlichem Brunnenhause gefaßt sind, um in ein Sammelbecken unter steinerner Kuppel geführt, geklärt und dann zur Stadt geleitet zu werden. Der Brunnenmeister, ein einfacher liebenswürdiger Korfiote, besitzt eine entzückende, von Glyzinien überrankte kleine Laube, von deren Dach die violetten duftenden Blütendolden gleich Trauben herabhängen. Dieses lauschige Plätzchen wird von den heiß gewordenen Spaziergängern aufgesucht, um auf den aus Rohr geflochtenen Stühlen der Ruhe zu pflegen. Aus dem nahegelegenen Orangenhain bringt der geschäftige Brunnenmeister eiligst große saftige Orangen herbei, frisch vom Baume gepflückt. Ein paar Teller, Gläser und saubere weiße Tücher werden aufgetragen, und das Frühstück ist fertig. Wie herrlich schmeckt der köstliche Orangensaft und erfrischt den Gaumen des dürstenden Wanderers mit seinem duftigen Naß.

Nachdem man der Ruhe gepflogen, geht es entweder zu Fuß nach Hause oder man

Die Kaiserliche Familie mit Gefolge auf der Treppe der Statuen. Photo, vermutlich Theodor Jürgensen.   *Privatbesitz*

Die Treppe der Statuen führt zu den oberen Terrassen des Achilleions, Photo, um 1930. Privatbesitz

Treppe der Statuen von der oberen Terrasse aus gesehen. Photo: Jörg Michael Henneberg 2002

steigt zur Chaussee am Meeresstrande hinab, um mit dem Auto die Heimfahrt am blauen Wasser entlang anzutreten. Unterwegs kommt es oft vor, daß einzelne Frauen oder Mädchen oder auch Gruppen von Kindern kleine Blumensträuße überreichen. Dann greift der Schloßherr des Achilleions in die Tasche, und Filigranknöpfe oder eine Brosche, Ohrringe oder ein Kettlein werden zum Austausch geschenkt; nie aber Geld, um den Leuten nicht das Betteln anzugewöhnen, wie es einem so abstoßend in Italien entgegentritt. Der Grieche schenkt einem eine Blume, einen Strauß, eine Frucht. Das Geschenk kann und darf man höflicherweise nicht bezahlen, sondern man macht ein Gegengeschenk. Vor und um die Osterzeit wurde den Korfioten eine andere, sehr nötige und nützliche Gabe zuteil. Die Göttin des Waschens und der Sauberkeit wird von ihnen nicht sehr geehrt. Besonders die Kinder starren hin und wieder von Schmutz. Die Sonne, die große Bazillentöterin, muß für alles sorgen. Um dieser nun die Arbeit zu erleichtern und die Korfioten zur Mitwirkung anzuspornen, hatte ich aus Berlin einige tausend hölzerne Ostereier mitgebracht, die Eier aus Seife enthielten. Diese mußten die mich begleitenden Herren in allen verfügbaren Taschen unterbringen und so einen Seifentransport darstellen, der

Wilhelm II. Kaiserin Auguste Victoria mit ihrem Sohn Prinz Oskar und Gefolge auf der Treppe der Faustkämpfer, Photo von Theodor Jürgensen, abgedruckt in: Hans Schöningen: Kaiser Wilhelm II. und seine Zeit in Wort und Bild, Hamburg, 1913. S. 165.
Man sieht in der ersten, obersten Reihe (von links nach rechts): Stabsarzt Niedner, Leutnant Graf v. Finckenstein, Gesandter v. Rücker-Jehnisch, Zivilkabinettschef v. Valentini, Vizeadmiral v. Müller, Fürst v. Fürstenberg, Oberhofmarschall Graf z. Eulenburg, Kapitän z. S. v. Rebour-Paschco; in der mittleren Reihe: Oberstleutnant v. Friedeburg, Ehrendame Frl. v. Veltheim, Generalleutnant v. Lyncker, Hofstaatsdame Gräfin v. Keller, Generaladjutant v. Plessen, Kammerherr v. Winterfeldt; unten vorn Prinz Oskar v. Preußen, den Kaiser und die Kaiserin.

auf dem Spaziergang meist ganz aufgebraucht wurde. Das Erstaunen der Beschenkten war stets sehr groß, als ihnen der Inhalt gezeigt und erklärt wurde; endlich riefen die Frauen aus: Sapuni! Das ist ja Seife! Darauf machten sie die Pantomime des Gesichtswaschens. Als ich ihnen mit Hilfe des begleitenden griechischen Gendamerieoffiziers als Dolmetscher verständlich zu machen versuchte, daß die Seife nicht nur für das Gesicht, sondern auch für den übrigen Menschen gemeint sei, und dies auch pantomimisch zu erklären trachtete, brachen die guten Korfiotinnen in ein schallendes Gelächter aus, wobei sie die Köpfe heftig verneinend schüttelten.

Nach der Rückkehr vom Spaziergang nahmen die Kaiserin und ich gemeinsam das Frühstück am Ende der oberen Säulenhalle, an der mit Glyzinien überhängten Ecksäule, mit dem Blick auf das Innere der Insel und auf die Stadt.

Nach dem Frühstück wurde der Garten in Augenschein genommen und mit Sprenger über seine Pläne konferiert. Sodann nahm ich meinen Sitz am Ende der großen Achilles-Terrasse, von der Sonne umloht, unter einem Gartenschirm und bearbeitete dort die vom Kurier mitgebrachten Depeschen, nahm die Vorträge der Kabinettschefs entgegen und gab die Unterschriften für den abfahrenden Kurier. Das dauerte bis zum Mittagessen. Die „Herren Kabinette", wie sie kurzweg genannt wurden, hatten einen tüchtigen Weg zu machen, bis sie von dem „Kavalierhaus", das in der Talmulde links unterhalb des Achilleions lag, die höhergelegenen Gartenterrassen erklettert hatten und dann über diese bis zu meinem Arbeitsplatz vorgedrungen waren. Während des Vortrages brannte Helios unentwegt auf sie nieder, und der freie helle Kiesplatz strahlte die Hitze dankbar wieder zurück. Ich selbst kann jede Hitze im Freien ertragen und fühle mich ganz besonders wohl dabei, – ein Erbstück meines seligen Herrn Vaters, der sich auch gern auf der Bank in der Sonne, wie er scherzend sagte, rösten ließ –, allein bei den vortragenden Herren, war dies nicht immer der Fall, und nach vollendetem Vortrag wurde von ihnen der Rückzug meist in einer gewissen Auflösung angetreten. Daher war ihre übliche sorgenvolle Frage, wenn der Flügeladjutant vom Dienst sie zum Vortrag bestellte: „Auf der Terrasse beim Achilleus?" „Ja!" Grandios und einzig war diese Arbeitsstätte inmitten aller der Schönheiten der Natur und des Gartens. Die in ununterbrochener Betätigung der Herrscherpflichten laufende Arbeit war ein Genuß. Vieles, dem man zu Hause übergroßes Gewicht beilegte, erschien in dieser großen Natur recht klein und unbedeutend.

Das Mittagessen wurde mit allen gemeinsam eingenommen. Das Speisezimmer mit Platz für etwa zwanzig Personen liegt links vom Peristyl, mit dem Blick nach Gasturi zu. Während des Essenes standen die Fenster weit auf, so daß die vor ihnen stehenden Orangenbäume ihren Duft zu den Tischgästen hineinsandten. Nach dem Essen wurde in einem kleinen Raum daneben, hart an der Vorfahrt, die Rauchlust befriedigt, die geöffneten Fenster boten einen höfischen Blick auf das Eingangstor, den Kyriaki-Berg und den Hagii Deka-Berg. Dem Orient und seinem Klima entsprechend, wurde nach dem angestrengten Vormittag nunmehr auch der wohlverdienten Ruhe ihr Recht eingeräumt.

Am Nachmittag um 3 oder 4 Uhr wurde dann in Autos eine Fahrt zu irgendeinem der schönen Punkte unternommen, an denen die Insel reich ist. Ein beliebter Platz war unter ande-

Vorderansicht des Achilleions, Photo, um 1930. Privatbesitz

ren das alte Kloster Paläokastriza an der Südwestküste, auf steilen Felsen unmittelbar über dem brandenden Meer gelegen, das donnernd durch die Felsenriffe sich bahnt, um in Schaumbergen an der scharf zerklüfteten, höchst wilden und romantischen Küste sich emporzubäumen. Der Blick vom Altan des Klosters in diese Felsenwildnis und tobende Brandung ist unzweifelhaft noch mächtiger und wilder wie auf Capri.

Die Fahrt zum Kloster führt durch eine in der Mitte der Insel liegende, sumpfige Niederung mit Wiesen, die mit langem Gras, Gräben und Wassertümpeln versehen sind und einen gänzlich anderen Charakter tragen als die übrige Insel. Die in dieser Gegend liegenden Dörfer haben viel unter Fieber zu leiden, da das Wasser aus der Niederung keinen Abfluß hat. Früher, als die Briten die Entwässerung geschaffen und in voller Ordnung gehalten hatten, war das ganze Gelände eine ertragreiche Quelle für Viehfutter, eine feste Wiese und gesunde Gegend. Nach dem Verlassen dieser „Val di Ropa" genannten Niederung zieht sich die Straße, durch Olivenwälder allmählich sich durchwindend, nach dem Meeresufer hin. Man passiert entzückende, von Felsen und vorgelagerten Klippen geschützte kleine Buchten mit blendendweißem, von blauem Wasser bespülten Sande, zum Baden sehr verlockend; prächtige Schlupfwinkel für Seeräuber in allen Zeiten und Objekte für Archäologen, die schon jede dieser Buchten einmal der Ehre würdigten, die Landung des göttlichen Dulders Odysseus erlebt zu haben. Während zur Linken des Autos diese Bilder sich entrollen, sieht man zur Rechten die steilen Hänge des Pantokrators und des von ihm nach dem Meere zustrebenden Gebirges. Viel Geröll, mit großen Felstrümmern durchsetzt, bedeckt Hänge und Höhen, während dann und wann der Eingang einer uralten Höhle zu erkennen ist. Im Kloster wird die Kirche besichtigt und dem greisen Abt, von dem es hieß, er sei nahe an hundert Jahre alt, ein Besuch abgestattet. Auf dem Altan des Klosters wird der Tee genommen, der allen köstlich mundet. Zum Schluß werden Kuchen und Gebäck säuberlich verpackt und dem diensthabenden Geistlichen übergeben, der es mit freudigem Dank als willkommene Osterzugabe für sich und seine Brüder aufheben zu wollen erklärt.

Auf der Rückfahrt geht es teils durch Olivenwälder, teils an kleinen Wiesen und Feldern entlang, auf denen schon die Frühlingsblumen sprießen. Nach und nach beginnt die Landstraße sich zu beleben, denn das Landvolk, hauptsächlich Frauen, kehrt von der Feldarbeit heim. Manche sitzen auf hochbepackten Eseln, die unter Säcken und Heubündeln zu weilen derartig verschwinden, daß man nur noch die vier Beine sieht, die scheinbar zu den Säcken gehören. Alle grüßen freundlich, meist durch Legen der Hand auf die Brust und durch langsames, ruhiges Neigen des Kopfes – ein sehr ansprechender Gruß – und rufen dazu: „Kalispera", „Guten Abend", oder zuweilen auch: „Buona sera". Wo Frauen und Männer gemeinsam heimwärts ziehen, sitzt ganz selbstverständlich der Herr der Schöpfung auf dem edlen Grautier, eine Zigarette rauchend, während die bessere Hälfte zu Fuß hinter- oder nebenhertraben darf mit einem Bündel Reisig obendrein noch auf dem Haupte. Einmal begegnete die Kaiserin mit der Kronprinzessin Sophie, die natürlich geläufig griechisch spricht, einem solchen Paar, das die Entrüstung der deutschen Frauen über die ihresgleichen zuteil werdende Behandlung hervorrief. Sofort sollte ein Exempel statuiert und der Korfiote auf seine Ritterpflichten hingewiesen werden. Die Kronprinzessin vermittelte den Inhalt der Gedanken der Kaiserin. Der Erfolg war überraschend. Der Reiter lachte laut auf und blieb oben, seine Frau erklärte: das sei nun mal so und sei immer so gewesen; außerdem fände sie gar nichts dabei! Volkspsyche! Wer Reformen machen will, muß mit ihr rechnen […].

Bei Sonnenuntergang muß man auf Korfu, ebenso wie in Italien, regelmäßig zu Hause sein. Auch ich befolgte diese wohlerprobte Landessitte und pflegte dann bis zu Tische noch zu arbeiten. Das gemeinsame Abendessen wurde um acht Uhr in dem Speisezimmer zur Linken des Peristyls eingenommen. Nach aufgehobener Tafel versammelte man sich im geräumigen Peristyl oder, wenn das Wetter es erlaubte, auf der Achilles-Terrasse, um die Abendstunden in anregenden Gesprächen oder auch unter Vorlesung aus Büchern und Zeitschriften zu verbringen […].

Die Tochter Kaiser Wilhelms II. und der Kaiserin Auguste Victoria, Prinzessin Victoria Luise (1892-1980) in korfiotischer Tracht.
Photo: Theodor Jürgensen, abgedruckt in Hans Schöningen: Kaiser Wilhelm II. und seine Zeit in Wort und Bild, Hamburg 1913, S. 197.

Wilhelm II.
Abschied von Korfu[33]

So verstrich die schöne Zeit in Korfu zwischen Arbeiten für die Heimat, dem Genusse der Ruhe und der Naturschönheiten und dem Dienste der Archäologie. Letztere nahm natürlich in den Gedanken und Gesprächen einen sehr bedeutenden Platz ein, da Dörpfeld und Professor Karo öfters auf dem Achilleion zu Gast waren, und man ihren Ausführungen gespannt lauschte. Besonders begeisternd wirkte es auf die Zuhörer, wenn Dörpfeld den Homer zur Hand nahm und ihn las oder zitierte und daran anschließend seine überzeugenden Erklärungen vortrug. O, hätte dieser Mann doch seinerzeit den Gymnasiasten in Kassel den Homer so vortragen können! Welch ein erhabener Hochgenuß wäre das für den Prinzen und seine Mitschüler gewesen. Leider war der damaligen Lehrergeneration das Reisen nach den klassischen Ländern noch nicht möglich gemacht worden, und so mußte die Anschaulichkeit des Unterrichts natürlich leiden.

Doch der Aufenthalt auf Korfu geht zu Ende. Sehr, sehr schweren Herzens denkt man an die Abschiedsstunde. Da wird seitens der griechischen Gesellschaft von Athen für uns noch eine reizende Überraschung vorbereitet, ein gro-

Blick auf die Insel Pontikonisi und die Einsiedelei, Photo, um 1900.   *Privatbesitz*

Tanz der Evzonen (griechische Infanteriesoldaten) auf der unteren Terrasse des Achilleions, Photo, um 1909.
Privatbesitz

ßes Kostümfest von jungen Damen und Herren, von Mädchen und Knaben der höheren Schulklassen aus Athen. Sie alle sind mit einem Schiff, von uns unbemerkt, nach Korfu gekommen. Unter Olivenbäumen auf einem hohen Hügel über dem Meere, außerhalb des Parks von Monrepos, entwickelt sich ein entzückendes Treiben und Leben in bunten Trachten aus allen Teilen des jetzigen Griechenland, einschließlich aller Inseln, auch Kreta ist vertreten. Musik erschallt, und es werden in buntem Reigen allerhand Volkstänze aufgeführt, die noch jetzt landesüblich sind. Ganz entzückend ist das bunte Durcheinander der Farben und Stickereien, die in der Sonne leuchten und blitzen, während die zum Teil recht schönen Darstellerinnen mit antiker edler Grazie ihre schlanken Gestalten im Rhythmus der Melodien zu bewegen verstehen. Eine wahre Augenweide für den Künstler und eine eigenartige und zugleich schöne Darbietung, in jeder Hinsicht würdig des herrlichen Griechenlandes.

Auch die Mannschaften der „Hohenzollern" und der Begleitkreuzer haben es sich nicht nehmen lassen, an einem anderen Tage auch ihrerseits ihre Künste vorzuführen. Auf der kleinen, der Stadt Korfu vorgelagerten Insel Vido, die von Trümmern einstiger Festungswerke übersät ist, wurden Turnübungen und Gewandtheitsspiele sowie sportliche Leistungen vorgeführt, an denen die griechische Königsfamilie und wir selbst uns ergötzen konnten. Volles Lob und Bewunderung ernteten die wackeren Matrosen, die es an Gewandtheit und Behendigkeit mit jedem aufnehmen konnten und zeigten, daß sie ihre Ruhezeit auf den Schiffen nicht mit Faulenzen verbracht hatten.

Das Vestibül des Achilleions wurde als Gesellschaftsraum genutzt. Leichte Korbmöbel dienten auf Wunsch des Kaisers als Sitzgelegenheiten. Die Korbsessel und Sofas ließen sich bei gutem Wetter auch im Außenbereich nutzen. Photo: Theodor Jürgensen oder Willi Stöwer abgedruckt in: Willy Stöwer: Zur See mit Pinsel und Palette, Braunschweig 1929, Sammlung Jörg-Michael Hormann, Rastede.

Das Vestibül im Jahre 2002.　　　　　　　　　　　　　　　*Photo: Jörg Michael Henneberg*

Endlich naht sich der Tag der Abreise, der gefürchtete. Alle Lieblingsplätze werden noch einmal aufgesucht, von fast jeder Blume wird Abschied genommen. Noch ein letzter Blick von der Terrasse auf das allen lieb gewordene Eiland und dann durch das stille sonnendurchflutete friedliche Haus hinab zum Auto. Noch einige letzte Anordnungen an Sprenger für das nächste Jahr und ebenso an Bontempo, den Hüter des Hauses, und dann geht die Fahrt nach der Stadt hinab. Noch oftmals wandert der Blick nach dem sich entfernenden schönen Heim zurück, dessen Umrisse immer undeutlicher werden. So undeutlich, daß man sich die Augen wischen muß, um besser zu sehen, sieh da, sie sind manchem feucht! Niemand wird das dem andern verargen. Man läßt ja eine ganze Welt hinter sich zurück, und wie schön war sie!

Der Hafen ist erreicht, herzlicher Abschied von der Königsfamilie und dann an Bord. Langsam dampft die Yacht um das Vorgebirge der Zitadelle herum und nimmt Kurs auf die südliche Spitze der Insel. So nahe als möglich geht es unterhalb des Achilleions langsam vorüber. Noch einmal einen Abschiedsblick. Da erscheint der Pelide! Lebe wohl, Achilleus, Sohn des Peleus" Hüte das Achilleion! Da leuchtet auch die Statue der Kaiserin Elisabeth herüber! Lebe wohl, Kaiserin Elisabeth! So Gott will, kehren wir wieder.

Langsam entschwindet das Achilleion den Blicken der vom Trennungsschmerz bewegten Reisenden. Das südliche Vorgebirge wird umfahren, und hinaus geht es ins blaue Mittelmeer. Kurs auf „Genova la superba"!

Telegramm Wilhelms II. vom 8. Juni 1933 aus Huis Doorn an Ferdinand Bontempo[34], den ehemaligen Verwalter des Achilleions

Haus Doorn, den 8. Juni 1933

Brieftelegramm Seiner Majestät des Kaisers und Königs

Durch Pfarrer Majon habe Ich jetzt Ihren Bericht über die Besetzung Meines Schlosses Achilleion im Jahr 1916 erhalten. Ich danke Ihnen hierfür, sowie für die treuen Dienste, die Sie Mir auch in jener schweren Zeit geleistet haben. Zu Meinem Bedauern höre Ich, dass es Ihnen nicht so gut geht. Ich wuensche Ihnen gute Besserung und lasse Ihnen mit Meinem Gruss Mein Bild und einige Aufnahmen aus dem Park von Haus Doorn zugehen.

Wilhelm I. R.
Herrn
Ferdinand Bontempo
Glymenopoulosstrasse (Ramleh)
Alexandria/Ägypten

Tanz der Korfiotinnen während der Ostertage 1914, Photo von Ottomar Anschütz oder Theodor Jürgensen, Privatbesitz. Ein Abzug dieser Aufnahme findet sich im Nachlaß des Kaisers in Huis Doorn/Niederlande. Der Tanz der Frauen wurde von Wilhelm II. in seinen „Erinnerungen an Korfu" ausführlich beschrieben.

Der Weg nach Gastouri, Photo von Ottomar Anschütz oder Theodor Jürgensen, Privatbesitz. Ein Abzug dieser Aufnahme findet sich im Nachlaß des Kaisers in Huis Doorn / Niederlande.

Beileids-Telegramm Wilhelm II. an die Witwe von Ferdinand Bontempo vom 22. Juli 1933

Haus Doorn 22. Juli 1933

Brieftelegramm Seiner Majestät des Kaisers und Königs

Es hat Mich mit aufrichtiger Teilnahme erfüllt, aus Ihrem Briefe vom 11.7.33 zu entnehmen, dass Ihr Mann Meinen Dank und Meine Anerkennung für seine treue Berichterstattung über die Besetzung Meines Schlosses Achilleion auf Korfu im Jahre 1916 nicht mehr erhalten und inzwischen seiner Erkrankung erlegen ist. Ich werde diesem treubewährten Mann und vorbildlichen Beamten stets ein ehrendes Andenken bewahren und spreche Ihnen Mein wärmstes Beileid aus.

Wilhelm I. R.

(Mein verstorbener Kammerdiener Vater Schulz[35] und Bontempo hielten stets treu zusammen.)

Frau Elisabeth Bontempo
Gymenopoulos No. 9
Alexandria / Ägypten

E. Schröder

Der Korfu-Aufenthalt 1908

Der erste Aufenthalt der kaiserlichen Familie im April wurde von E. Schröder bereits 1909 in seinem Diarium „Zwanzig Jahre Regierungszeit – Ein Tagebuch Kaiser Wilhelms II. Vom Antritt der Regierung 15. Juni 1888 bis zum 15. Juni 1908 nach Hof- und anderen Berichten", Berlin 1909, minutiös dokumentiert.

April 1908

10. (April) Die deutschen Schiffe, welche die griechische Flagge gehißt hatten, liefen unter Salut in den Hafen von Korfu ein und gingen vor Anker. Die griechische Königsfamilie begab sich sofort nach der Ankunft an Bord der 'Hohenzollern'. An der Landungsstelle begrüßte der Bürgermeister von Korfu den Kaiser und die Kaiserin mit einer Ansprache, worin er sagte, 'der Kaiser und die Kaiserin erhöhen durch ihren Ruhm und ihre Macht, ihre Tugenden und ihre Anmut den Glanz und die Schönheit des Landes. Das Volk sei dankbar und glücklich über die Wahl, durch die der Kaiser, der Hüter des Weltfriedens, das griechische Vaterland geehrt habe. Es umwinde des Kaisers olympische Stirn mit dem Kranz der Silberblätter seiner Olivenhaine. Der Redner erinnerte an den Eroberer Trojas, der hier Gastfreundschaft genossen. Die zukünftige Geschichte werden den Namen Korfu mit jenem des machtvollen Förderers des Fortschritts verbinden. Der Aufenthalt möge dem Kaiser Ruhe und Erholung bringen. Redner endete mit einem Hoch auf den Kaiser und die kaiserliche Familie.'

Das Kaiserpaar machte nach der Ankunft im Achilleion einen Gang durch das Haus und äußerte sich sehr befriedigt über die Einrichtung. Auf dem Schloß wurde die Kaiserstandarte gehißt.

Achilleion auf Korfu

11. (April) der Kaiser begab sich heute nach Korfu und machte auf dem dort ankernden griechischen und den beiden englischen Kriegsschiffen einen Besuch.
12. (April) Prinz Oskar traf mit seinem militärischen Begleiter, Major Grafen Soden, im Achilleion beim Kaiserpaar ein. Am Abend brachten Männer, Frauen und Kinder des Dorfes Gasturi dem Kaiserpaar eine kleine Huldigung durch Gesang, Hochrufe und Abbrennen von Buntfeuer dar.
14. (April) Der König hat dem Herzog von Sachsen-Koburg und Gotha die Insignien des Johanniterordens für Souveräne verliehen.
15. (April) In der Sitzung der griechischen Kammer verlas der Präsident ein Schreiben des deutschen Gesandten, worin dieser den Dank des Kaisers übermittelt für die Sympathiekundgabe der Kammer am 11. April.

In dem Schreiben heißt es, der Kaiser habe mit großer Befriedigung von den liebenswürdigen und beredten Worten Kenntnis genommen, die der Präsident unter Zustimmung der Kammer an ihn gerichtet habe. Er beauftrage seinen Gesandten, für diese verbindliche und angenehme Aufmerksamkeit bei seiner Ankunft in Korfu seinen Dank auszusprechen. Der Kaiser hat 35 Angestellten des Norddeutschen Lloyd die Denkmünze für Südwestafrika in Stahl verliehen.

16. Telegramm an den General-Feldmarschall von Hahnke: 'Ich bin tiefbetrübt über die Meldung von dem Brande[36], welchem die alte Garnisonkirche so bald nach ihrer Renovierung zum Opfer gefallen ist. Allen, die sich an dem Rettungswerk beteiligt haben, insbesondere der Feuerwehr, welche Bewundernswertes leistete, spreche Ich Meinen königlichen Dank und Meine Anerkennung aus. Wilhelm R.'

19. (April) Das Kaiserpaar mit Familie und Gefolge begab sich nach dem Gottesdienst, den der Militäroberpfarrer Goens in der Kapelle des Achilleion abhielt, nach der Stadt Korfu. Dort fand eine große feierliche Prozession zu Ehren des heiligen Spiridion statt. Das Kaiserpaar betrachtete vom Balkon des königl. Schlosses aus die Prozession, die vor dem Schlosse Halt machte. Die Priester sangen Gebete, der Erzbischof erflehte laut den Segen Gottes für die Macht und Größe des Kaisers, für das Glück des Kaiserhauses und für das Gedeihen und die Wohlfahrt der ganzen deutschen Nation.

Achilleion auf Korfu; der Kaiser hielt nach der Abendtafel im Kreise der Hofgesellschaft einen Vortrag über Admiral Nelson und die Seeschlacht bei Trafalgar, zu dem neuere Studien des englischen Kapitäns Mark Kerr, des Kommandanten der „Implacable", die Anregung gegeben hatten. Der Vortrag wurde durch in Kreide gezeichnete Skizzen der Gefechtsstellungen der englischen und der vereinigten französischen und spanischen Flotte erläutert.

20. (April) Die auf dem „Meteor" vor Korfu eingetroffenen Mitglieder des Vereins Berliner Kaufleute und Industriellen richteten ein Huldigungstelegramm an den Kaiser, wofür dieser durch den Vertreter des Zivilkabinetts, von Berg, danken ließ.

Die „Hohenzollern" war heute, ebenso wie ihre Boote, zur Feier des Osterfestes bis in die Mastspitzen mit frischem Grün geschmückt.

21. (April) Achilleion; der Kaiser empfing in Gegenwart des Vertreters des Auswärtigen Amts die Gesandtschaft des Sultans, bestehend aus dem Minister Turchan Pascha, Djemil Bey und drei anderen Herren.

22. (April) Achilleion; der Kaiser empfing heute früh den Berliner Bildhauer Prof. Goetz, der für das Achilleion eine Kolossalstatue des Achilles schaffen wird. Die Figur, aus vergoldeter Bronze wird sich auf einem 2 $\frac{1}{2}$ m hohen Sockel aus pentelischem Marmor erheben. Der Standort ist eine andere Terrasse als die, auf welcher sich der „sterbende Achill" von Prof. Herter befindet.

Später begaben sich der Kaiser, die Kaiserin und die Prinzessin Victoria Luise nach Korfu und dann an Bord des englischen Kriegsschiffes „Abukir", um bei dem Herzog und der Herzogin von Connaught das Frühstück einzunehmen.

23. (April) Achilleion; der Kaiser ließ am Abend wieder aus dem Werk des großen Generalstabs über die Schlacht bei Liaojang[37] vorlesen.

24. (April) Ausflug nach Palaiokastrizza.

26. (April) Achilleion; der Kaiser hatte eine Besprechung mit dem aus Neapel hierher berufenen Botaniker, Kunstgärtnermeister Sprenger, wegen der in Aussicht genommenen gärtnerischen Neuanlagen im Park des Achilleion.
27. (April) Auf ein beim Abschied der französischen Studenten an den Kaiser gerichtetes Telegramm, worin die deutsch-französische Gesellschaft ihren Dank dafür aussprach, daß den Studenten die Schlösser, Museen u. s. w. zur freien Besichtigung offen standen, ging an den stellvertretenden Vorsitzenden der Gesellschaft, Hofbuchhändler Süsserott, folgendes Antworttelegramm aus Korfu ein:
„Se. Majestät der Kaiser und König lassen bestens danken und freuen sich, daß der Besuch französischer Studenten in Berlin einen guten Verlauf genommen hat. Auf Allerhöchsten Befehl der Geheime Kabinettsrat in Vertretung von Berg."
In der Westminster-Abtei bei dem Gedächtnisgottesdienst für den verstorbenen Premierminister Campell-Bannerman legte der Botschaftsrat v. Stumm, in Vertretung des deutschen Kaisers, einen großen Kranz zu Füßen des Sarges nieder.
28. (April) Achilleion; der Kaiser nahm in Begleitung des Kunstgärtners Sprenger eine nochmalige Besichtigung des Schloßparkes vor. Es sollen noch einige Bäume beseitigt werden, um für das Wachstum der übrigen Licht und Luft zu schaffen und einige Durchblicke nach dem Meere herzustellen.
30. (April)   Deutscher Reichstag
46. Sitzung vom 30. April.
Präsident Graf Stolberg eröffnet die Sitzung mit folgenden Worten:
„Aus Athen habe ich von dem Herrn Präsidenten der Kammer der Helenen die Mitteilung erhalten, daß die Kammer S.M. dem Kaiser beim Betreten des griechischen Bodens eine ehrfurchtsvolle Begrüßung ausgesprochen und daß sie zugleich der wärmsten Sympathie des griechischen Volkes und seiner Vertretung Ausdruck gegeben hat. (Bravo!) Ferner hat der Präsident der Kammer der Helenen auf den idealen Zusammenhang der Bildung und Kultur hingewiesen, welcher die beiden befreundeten Völker stets miteinander verbunden hat. Ich bitte Sie um die Ermächtigung, dem Präsidenten der Kammer der Helenen den wärmsten Dank des Deutschen Reichstages aussprechen zu dürfen. (Beifall.)"

Mai 1908

2. (Mai) Ausflug nach Pantaleone.
3. (Mai) Heute vormittag hielt der Kaiser Gottesdienst an Bord der „Hohenzollern" ab. Danach besichtigte das Kaiserpaar die von Prof. W. Stöwer während der Reise und auf dem Achilleion gemalten Studien und Aquarelle und erteilte dem Künstler zahlreiche Aufträge.
4. (Mai) Die „Hohenzollern" lief in den Hafen von Santa Maura ein.

Willy Stöwer: Wilhelm II. in weißer Marine-Uniform auf der Terrasse des Achilleions, Gouache auf Papier. Das nach einer vom Künstler aufgenommenen Photographie gemalte Portrait wurde nach Norwegen verkauft (Photographie, siehe Seite 108). Kaiserin Auguste Victoria erwarb das Bild zurück, um es ihrem Mann für sein Arbeitszimmer im Schloß Achilleion zu schenken. Willy Stöwer schuf für sich selbst eine Replik des Portraits. Eine der beiden Fassungen ist heute im Schloß Achilleion zu sehen.   *Photo: Jörg Michael Henneberg*

Der Kaiser mit der Kronprinzessin Cecilie, Prinzessin Viktoria Luise, Prinz Adalbert und den Enkeln Hubertus, Wilhelm, Louis Ferdinand auf der „Hohenzollern". Photo: Theodor Jürgensen, Privatbesitz

Die Kinder des Kronprinzen, Wilhelm, Louis Ferdinand und Hubertus an Bord der Kaiseryacht Hohenzollern, Photo: Theodor Jürgensen, als Postkarte reproduziert.   Privatbesitz

DES KAISERS TUSKULUM

Die folgende Schilderung des Achilleions wurde 1913
in dem Jubiläumsband „Unser Kaiser – Fünfundzwanzig Jahre
der Regierung Kaiser Wilhelm II. 1888-1913" abgedruckt[1]

Welche Freude für unser Kaiserpaar, wenn die so dringend nötigen Erholungszeiten im abgeschiedenen Herrenhause von Kadinen[2] mit seiner ländlichen Umgebung, im alten, erinnerungsreichen Schlosse von Wilhelmshöhe[3] mit seinen prachtvollen, steilen Parkanlagen, oder, wie in den letzten Jahren, in dem paradiesisch-schönen Achilleion auf der fernen, weltentrückten griechischen Insel, die kaiserliche Familie einmal in stillem Zusammensein vereinen. Gerade das ist es, was unserem Kaiser sein „Tuskulum" auf Korfu so lieb macht, daß er hier einmal wirklich ungestört sich und den Seinen leben kann; und charakteristisch für den Familiensinn unseres Kaisers ist die anschauliche Schilderung, die ein Besucher des vielgenannten Schlosses von dem dortigen Familienleben unseres Kaisers mit gewandter Feder entworfen hat: „So wie unser Kaiser Licht und Sonne liebt, so hat er sich das Innere des Lustschlosses licht und sonnig ausgestaltet. Die weiße, hellgrüne, hellrosa Farbe herrscht überall vor, unbeschadet der griechischen Mäanderlinien, die man hier und da findet, und des Pompejanisch-Figürlichen, das allenthalben, so im schönen Treppenhause und in verschiedenen Wohnräumen, den oberen Teil der Wände belebt. So sind selbst die Sessel, viele Korbmöbel mit hellen Kissen in den Wohnzimmern des Kaisers, in echtem Holzwerk gehalten, auch das Steh-

Das Gut Kadinen in Westpreußen wurde 1898 von Wilhelm II. erworben, hier verlebte die kaiserliche Familie erholsame Wochen im Sommer. Zum Gut gehörte die königliche Majolikamanufaktur Kadinen, die der Kaiser gegründet hatte. Photo, um 1900. Privatbesitz

Schloß Wilhelmshöhe bei Kassel. Im Spätsommer diente das klassizistische Schloß als kaiserliche Residenz. Bildpostkarte, um 1900.   *Privatbesitz*

Schloß Achilleion auf Korfu. Der Kaiser und seine Begleitung hielten sich hier im März/April bis Anfang Mai 1908, 1909, 1911, 1912 und 1914 auf. Photopostkarte, um 1910.   *Privatbesitz*

Franz von Matsch: „Der triumphierende Achilles", Öl auf Leinwand. Das kolossale Gemälde wurde 1892 im Auftrag von Kaiserin Elisabeth für das Treppenhaus des Achilleions geschaffen. Franz von Matsch war an der Wiener Kunstakademie Studienkollege von Gustav Klimt, Photo, um 1905. Privatbesitz

Treppenhaus des Achilleions mit pompejanischer Wandmalerei. Photo, um 1905.
Privatbesitz

DIE SIRENEN.

Seit seiner Kindheit begeisterte sich Wilhelm II. für Homers Odyssee. In seinen Gemächern im Achilleion hingen die Odyssee-Landschaften von Friedrich Preller (1804-1878). Der Künstler wurde bereits mit 15 Jahren von Johann Wolfgang von Goethe gefördert, dessen Einfluß auf Prellers Entwicklung von nachhaltiger Bedeutung war. Als Prinz wurde der spätere Kaiser in Fragen der Kultur und bildenden Kunst nachhaltig von seiner Großmutter väterlicherseits Kaiserin Augusta (1811-1890) geprägt, die als Enkelin des Großherzogs Karl August von Sachsen-Weimar-Eisenach noch im persönlichen Umfeld Johann Wolfgang von Goethes aufgewachsen war. Ihre Begeisterung für die Weimarer Klassik gab sie an ihren Enkel Wilhelm weiter, der 1904 der Stadt Rom das Standbild Goethes von Gustav Eberlein im Park der Villa Borghese schenkte.
Friedrich Preller. Die Sirenen, Holzstich nach einer Zeichnung, 1884, Privatbesitz. Als Insel der Sirenen galt im 19. Jahrhundert Capri.

pult, an dem er gern arbeitet und sein Schreibtisch, denen man ansieht, daß sie fleißig benutzt werden. Vorzimmer, Arbeitszimmer, Schlafzimmer liegen in einer Flucht, begrenzt von dem breiten Balkon, dessen Fußboden mit heimischen, genarbten Kadinenfliesen in zarter, braunroter Farbe ausgelegt ist. Welch eine Aussichtsstätte ist dieser Balkon! Weit jenseits der Meeresfläche die Küste von Epirus! Dort erreicht das Auge die Insel Praxos. Hier strebt der spitze Felskegel des Kyriakiberges empor und nach Westen breitet sich ein dunkler, unabsehbarer Teppich von Olivenbäumen in sanften Wellenformen aus, bis zu den Bergketten, bis zu dem Fuße des Pantokrator im Norden. Von den Wohnräumen des Kaisers, in denen es an herrlichen Bildern und anderen Kunstwerken

Friedrich Preller: Nausikaa, Holzstich nach einer Zeichnung, 1884, Privatbesitz. Als Insel der Nausikaa galt im 19. Jahrhundert Korfu.

Karl Theodor von Piloty (1826-1886): Tod Alexanders des Großen, Öl auf Leinwand, 1885, Nationalgalerie Berlin. Wilhelm II. verhinderte eine Fertigstellung des unvollendeten Bildes durch einen anderen Maler. Der Historienmalerei Pilotys brachte er höchste Wertschätzung entgegen.

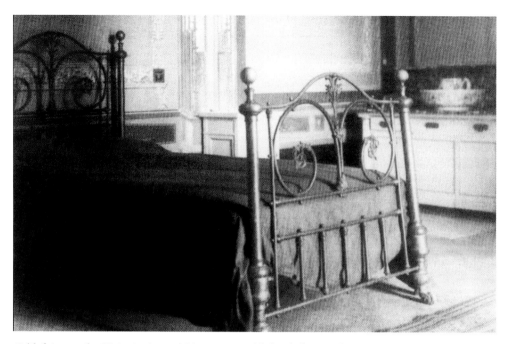

Schlafzimmer der Kaiserin Auguste Victoria im Schloß Achilleion, Photo, um 1910.   Privatbesitz

nicht mangelt – es sei nur an die duftigen Prellerschen Odyssee-Bilder erinnert[4] – wenden wir uns wieder zu dem mit Oberlicht gedeckten Treppenhaus. Die breite Wand in seinem oberen Teil ziert in lebhafter Farbengebung ein von Matsch gemalter Fries, die Szene darstellend, wie Achill, Stolz auf dem Siegeswagen stehend, Hektors Leichnam um die Mauern von Troja schleift[5]. Wie sehr jene untere Halle gleichsam das gesellschaftliche Zentrum des Lustschlosses bildet, sieht man aus ihren Nebenräumen. Dort liegt die Kapelle, wo der Gottesdienst die Bewohner des Schlosses vereint, hier ein trauliches Rauchzimmer mit schweren, soliden Herrenmöbeln. Einen Homerkopf[6] in Bronze sehen wir dort und ein außerordentlich wirkungsvolles Gemälde von Georg Friedrich: „Salve Imperator"[7], auf dem der Cäsar zwischen den sich ehrfurchtsvoll verbeugenden Senatoren dahinschreitet, während im Hintergrunde die Kaiserin, von den Frauen des Hofes umgeben, dem Imperator nachfolgt. Und endlich schließt sich auch dort der hellgrün gehaltene Speisesaal an, in dessen schlichten Stil sich die lustigen Seifenblasen-Putten an der Wand anmutig hineinfügen. – Über den Räumen unseres Kaisers hat die Kaiserin ihre vorwiegend in Lichtrosa gehaltenen Gemächer. Auch aus diesen Zimmern tritt man auf je zwei Altane, die links und rechts über dem großen Balkon des Kaisers liegen. – Nach rückwärts treten wir von hier unmittelbar hinaus in das so vielfach abgebildete Peristyl, den eigentlich klassischen Kern des Achilleion, und nähern uns nun der farbenreichen Märchenwelt, in der der formenschöne, lichtgraue und weiße Marmor mit der

Der Klassizismus von Johann Joachim Winckelmann (1717-1768) und der davon entscheidend geprägte Idealismus Goethes waren für die Kunstauffassung des Kaisers grundlegend.

An seinem 43. Geburtstag 1902 schenkte Wilhelm II. der Stadt Rom das Standbild des von ihm verehrten „Dichterfürsten". Dem Bürgermeister von Rom Fürst Colonna teilte er aus diesem Anlaß telegraphisch mit: „... Möge sein Standbild ... ein dauerndes Wahrzeichen der aufrichtigen und herzlichen Sympathien bilden, die Mich und Deutschland mit dem schönen Italien verbinden".

Gipsmodell für das Standbild Goethes von Gustav Eberlein im Park der Villa Borghese in Rom. Wilhelm II. ließ in Rom 1904 das Denkmal Goethes errichten: „Insbesondere rühmte der Kaiser die Komposition des Unterbaues, der darauf hindeutet, daß Goethe einen Teil seiner Kraft aus den Trümmern der antiken Welt gezogen habe. Auf einem korinthischen Säulenkapitel, das auf zwei gewaltigen Bruchstücken antiker Tempelarchitektur ruht, erhebt sich die Gestalt des Dichters in voller männlicher Schönheit."
Adolf Rosenberg: Eberlein, Bielefeld / Leipzig 1903.
Das Denkmal wurde von der Stadt Rom 2002/2003 aufwendig restauriert.

Das Achilleion mit dem Kavalierhaus im Vordergrund, Photo: Theodor Jürgensen, abgedruckt in: Hans Schöningen: Kaiser Wilhelm II. und seine Zeit in Wort und Bild, Hamburg 1913, S. 166.

verschwenderischen Pracht der Blumen, der Sträucher und der Bäume sich vereint. Hier im streng griechischen Peristyl mit seinen Musenstatuen, Philosophen- und Dichterbüsten, finden wir das Pantheon altgriechischer Geisteskultur. Wohl kann man es verstehen, wie gern hier in der hellen Morgensonne, auf einem kleinen Altan, zu dem einige Stufen hinanführen, unser Kaiser mit den Seinen, umgeben von den marmornen Zeugen antiken Lebens und der gottgeschaffenen Pracht zauberischer Frühlingsgaben der Natur, das Morgenfrühstück einnimmt. – Also wohnt unser Kaiser in seinem Tuskulum, und wer ihn dort sieht in der Umgebung des Schlosses oder in Korfu oder in Garitza, wo die unterirdischen Schätze gesucht werden, der sieht, daß die Sonne dieses kleinen Paradieses tief und erfrischend in sein Inneres hineinleuchtet[8]. Gewiß, die Arbeit des königlichen Berufes folgt ihm auch hierher. Zweimal wöchentlich kommt der Kurier aus Berlin. Das sogenannte Kavalierhaus[9], das der Kaiser auf der Westseite des Schlosses, etwas tiefer liegend, erbauen ließ – in seinem einfachen Stil schließt es sich ganz den Formen des Schlosses an – birgt die Herren des Gefolges und die Männer, die unserem Kaiser die Arbeit bringen, die Kabinettschefs, und die erforderliche Zahl vieler Hof- und Staatsbeamten.

Der Siegreiche Achill von Johannes Götz.
Photo: Jörg Michael Henneberg, 2002

Um 7 Uhr morgens ist der Schloßherr vom Achilleion schon zum Spaziergang gerüstet, der bis gegen 9 Uhr dauert. Bald nach dem Frühstück beginnt die Arbeit bzw. die Lektüre auf der Achilles-Terrasse, oder die Kabinettschefs werden zum Vortrag befohlen. Um 1 Uhr ist Mittagstafel. Erst der Nachmittag ist für gewöhnlich Ausflügen in die Umgebung gewidmet, bei denen der Kaiser seine Freude an der ehrerbietigen Zutraulichkeit und doch so artigen Zurückhaltung des korfiotischen Volkes hat. Da wird dann oft der Tee im Freien genommen. Erst am Abend, nachdem um 8 Uhr die letzte Mahlzeit des Tages eingenommen ist, kommt die Stunde beschaulichen Plauderns in der pompejanischen Halle des Hauses, wenn draußen die hellen Sterne auf das Marmor-Tuskulum herablächeln und neugierig auf die hohe Gestalt des Achilleus schauen, der stolzen Auges, mit erhobener Lanze die Wache hält."

Hans Schöningen

DER KAISER AUF KORFU

Die folgenden Seiten wurden 1913 in dem Bildband „Kaiser Wilhelm II. und seine Zeit in Wort und Bild" von Hans Schöningen abgedruckt[10].

Die kaiserlichen Besitzungen sind bekanntlich seit einigen Jahren um eine ausländische vermehrt worden, die sich als eine wahrhafte Prachtblume in ihrem Kranze darstellt. Bei seiner wohl begreiflichen Vorliebe für Fahrten auf dem Mittelländischen Meere mußte dem Monarchen der Gedanke kommen, das durch den Tod der Kaiserin Elisabeth von Österreich verwaiste und vor der Preisgabe an die Öffentlichkeit stehende Schloß Achilleion auf der Insel Korfu aufzukaufen und es zum Erholungsaufenthalte seiner Familie zu bestimmen. Das Eiland ist damit für uns Deutsche besonders interessant geworden.

Korfu – man betont korrekt die zweite Silbe, wie es auch französisch Corfou heißt – gilt als eins der zauberhaftesten Stücke der griechischen Inselwelt. Als Zwischenglied zwischen Apenninen und Balkanhalbinsel liegt es für den Verkehr besonders günstig, und Dampfer aller Provenienz – von Fiume, Triest und Venedig, von Brindisi und Bari, von Athen, Konstantinopel und Alexandrien – laufen in seinen schönen Hafen ein. Die langgestreckte Insel fällt nach dem offenen Meere zu in romantischen Felsenpartien ab, öffnet sich aber nach der Festlandsseite hin in bequemerem Gelände. Hier liegt demgemäß auch, ungefähr in der Mitte der Längsausdehnung, die Hauptstadt, die von einem älteren und einem neueren Kastell überragt wird. Das Eiland ist die nördlichste der Ionischen Inseln, etwas über 60 km lang, bis zu 30 km breit und hat bei einem Flächenraume von über 12 Quadratmeilen gegen 100 000 Einwohner, von denen allein 30 000 auf die Hauptstadt kommen. Das Bergland sondert sich in zwei Hauptzüge, deren nördlicher im Pantokrator bis 914 m Höhe aufsteigt und in Anbetracht des Umstandes, daß da keine sog. Talhöhe abzuziehen, sondern alles absolut, direkt vom Meeresspiegel aus zu nehmen ist, großartig wirkt. Der Name des Berges würde denn auch zu deutsch etwa „Allbeherrscher" heißen.

Ähnlich wie in den alten Glanzzeiten des nördlichen Venedig reichen sich hier Orient und Occident die Hände. Südliche Meeres- und Inselpracht verstärken den tiefen Eindruck, den man da empfängt. Die Insel mutet wie ein großer subtropischer Garten an. In üppiger Fülle reifen Oliven, Weintrauben, Feigen, Edelkastanien, Nüsse, Kirschen, Apfelsinen, Mispeln und Erdbeeren; Palmen, Lorbeerbäume, Myrten, Pinien, Zypressen, Agaven und Kaktushecken gedeihen in echt südlicher Kraft. Die Bevölkerung ist verhältnismäßig wohlhabend; professionsmäßiges Bettelvolk ist nur in verschwindender Anzahl vorhanden.

Die Geschichte der Insel verliert sich in der Homerischen Sagenwelt. Der Boden hat viel Heldenblut getrunken. Im Jahre 730 v. Chr. von Korinth kolonisiert, war das Eiland später zeitweilig unabhängig, bis es i. J. 229 unter Roms Weltherrschaft kam. Bei der Teilung des Reiches wurde es zur oströmischen Hälfte geschlagen. Im Jahre 1386 fiel die Insel an Venedig und wurde als Bollwerk gegen die Türken befestigt. Letztere versuchten ihre Eroberung öfter, doch stets vergebens. In diesen Kämpfen ragt die heldenmütige Verteidigung durch den deutschen Marschall Schulenburg i. J. 1716 hervor, woran noch heute ein Denkmal auf dem großen Zitadellenplatze erinnert, der sog. Scalimborgo. Doch nahm die Herrschaft der Venezianer gegen Schluß des Jahrhunderts ein Ende, die Insel erlitt mehrfachen Besitzwechsel und kam i. J. 1815 unter ein englisches Protektorat. Das dauerte bis 1863, dann ging sie an das Königreich Griechenland über. Diese englische Zeit war nicht die übelste für Korfu; dafür zeugen nicht nur mehrere hervorragende Baudenkmäler, wie z. B. der große Königspalast, sondern auch das vortreffliche Straßennetz, das das Land durchzieht. Als die Engländer abzogen, sprengten sie indessen die noch von den Venezianern angelegten Festungswerke, die dann keine fortifikatorische Bedeutung wieder erlangten.

Die Stadt Korfu selber darf man sich nicht zu armselig denken. Wenn man dem südlichen Milieu Rechnung trägt, wird man eher den Hut vor ihr abnehmen. Schöne Plätze, sowie Denkmäler und einige prächtige Bauten geben ihr

B. Borri: Die Mäuseinsel Pontikonissi, Corfu. Photo, um 1890, Privatbesitz. Der Photograph hat mit der Kamera eine Komposition festgehalten, die an Gemälde Arnold Böcklins erinnert.   *Privatbesitz*

Arnold Böcklin (1827-1900): Villa am Meeresufer. Vorn eine weibliche Gestalt in Trauerkleidern. Eine farbige Reproduktion des Gemäldes, das zu der dem Kaiser 1894 durch Erbschaft zugefallenen Schack-Galerie in München gehörte, hing im Schlafzimmer Wilhelm II. im Schloß Achilleion. Photo, um 1910.   *Privatbesitz*

etwas Residenzstädtisches. Von dem alten monumentalen Köngisschlosse war ja schon auf der vorletzten Seite die Rede. Davor steht ein Bronzestandbild eines Sir Frederick Adam, der sich in den zwanziger Jahren des vorigen Jahrhunderts Verdienste um die Insel erwarb. Ferner sieht man auf dem Platze einen Rundtempel und einen ebenfalls zu Ehren englischer Gouverneure errichteten Obelisken. Des Denkmals des Grafen Johann Matthäus v. d. Schulenburg wurde gleichfalls schon gedacht. Auf dem Platze vor dem Gymnasium wurde 1887 eine Marmorstatue Kapodistrias aufgestellt, und in den Anlagen der prächtigen Strandpromenade, der früheren Strada Marina, jetzt Boulevard der Kaiserin Elisabeth genannt, schimmert das weiße Marmordenkmal der letzteren.

Außer dem genannten königlichen Schlosse ist noch ein anderes da, das ebenfalls dem Könige von Griechenland gehört und ihm als Wohnung dient; Schloß Monrepos in der Villa Reale. Auch hier lassen Bau wie Park nichts an Pracht und Schönheit zu wünschen übrig. Dann sie des Stadttheaters gedacht. Ebenfalls ein monumentaler Prachtbau, der jeder Stadt unseres Heimatreiches zum Schmucke gereichen könnte! Unter den Kirchen aber ist der alte Bau von Sankt Korkyra mit seiner runden Apsis der interessanteste. Ihr reiht sich als noch

Arnold Böcklin: Heiliger Hain. Eine farbige Reproduktion des Gemäldes, von dem der Künstler 1882 und 1886 je eine Fassung schuf, hing im kaiserlichen Schlafzimmer des Achilleions. Photo, um 1910.
Privatbesitz

älteres Denkmal das sog. Grab des Menekrates an, ein von Bäumen umstandener, niedriger Rundbau, der dem sechsten oder siebenten Jahrhundert vor Christo zugeteilt wird. Er liegt vor der Vorstadt Garitza, am Fuße des zerstörten Forts San Salvador. Dieses war das jüngere. Das andere, die Fortezza Vecchia, liegt am Hafen. Ihre Werke dienen jetzt als Kasernen und als Militärhospital. Auf ihrer westlichen Plattform hat man eine berühmte Aussicht über Stadt und Land.

Zum Schlosse Achilleion nun muß man sich auf den Weg nach Gasturi und Benizza machen. Bei Gasturi, das seine 15 km entfernt ist, trifft man in einer Schlucht auf eine uralte Platane und auf einen ebenso uralten, daneben stehenden Brunnenbau, den Brunnen der Kaiserin Elisabeth. Eine denkmalähnliche, an seiner Seite angebrachte Marmorinschriftentafel erinnert an den Geist der schwergeprüften Dulderin. Etwas abseits liegt dann das Achilleion. Die Kaiserin hatte sich dessen Platz selber ausgesucht, den Boden der alten verfallenen venezianischen Villa Braila, auf hohem Plateau, mit freier Aussicht über Land und Meer nach drei Seiten hin, hinten durch den Kyriakiberg gegen den Scirocco geschützt. Im Bauplane brachte die Kaiserin viele eigene Ideen zur Geltung. Ehe seine Ausführung begann, stellt der Tod des österreichischen Kronprinzen Rudolph zunächst alles wieder in Frage. Dann fand die unglückliche Mutter aber gerade in jener Bautätigkeit Ablenkung. Schon nach drei Jahren (1892) konnte sie einziehen, und wieder nur ein Jahr später war auch die Ausstattung an Skulpturen und Malereien fertig. Im ganzen waren neun Millionen Frank hineingesteckt, doch wurde die Kaiserin bei dem Baue mehr als einmal, und zwar stark betrogen. So rechnete man z. B. für den Transport der Statue des sterbenden Achilleus, der auf einem von vier Ochsen gezogenen, eigenen Fuhrwerke besorgt werden mußte, allein 25 000 Frank an. Seit die Kaiserin ihr eigenes Heim auf Korfu hatte, war sie meist jedes Jahr dort. Der Aufenthalt fiel immer in den März und dauerte zwischen drei bis sechs Wochen. Als unser Kaiser das Achilleion gekauft hatte, ließ er es noch durch jenen Bau vermehren, den man auf unserer Abbildung unten im Vordergrunde sieht.

Das Schlafzimmer des Kaisers im Schloß Achilleion auf Korfu. Auf dem Kamin ist eine Büste Homers zu sehen. An der Wand hängen die farbigen Reproduktionen der beiden Gemälde von Arnold Böcklin, Photo um 1908. *Privatbesitz*

Die Gesamtanlage des Achilleions besteht aus drei Teilen: aus dem Schlosse, den Terrassen und dem Garten. Das Schloß enthält 72 Zimmer. Durch den Haupteingang kommt man in eine Säulenhalle, in deren Hintergrunde das Treppenhaus ansteigt. Skulpturen und ein großes Deckengemälde verschönern es. Links befindet sich der mit zwei großen Spiegeln und einem Deckenbilde (Galathea mit Gefolge auf den Meereswogen) geschmückte Speisesaal, dahinter das pompejanisch ausgestattete Rauchzimmer. Auf der anderen Seite liegt die Hauskapelle mit dem Altarbilde (Madonna als Stern des Meeres). Das mar-

Der „Sterbende Achill" von Ernst Herter auf der oberen Terrasse des Achilleions, Photo, um 1930, Privatbesitz.

morne Treppenhaus enthält ebenfalls zwei große Spiegel und oben das riesige Wandbild des wagenrennenden Achilleus (mit dem angebundenen Leichname Hektors) [Abbildung siehe Seite 73, Anm. d. Bearb.]. Eine Tür führt da auf die Terrassen, deren unterste die prachtvollste ist. Auf ihr steht hinten vor einer Spiegelgrotte die Marmorgruppe des „angehenden Piloten": auf der Spitze eines Schiffsschnabels sitzt ein Fischerknabe, der eine Seekarte betrachtet. In der Mitte aber wiegt sich ein kleiner Palmenhain mit bunten Blumen, und vorn liegt die Mar-

Der Altar in der Kapelle des Achilleions. Das Madonnenbild wurde von Kaiserin Elisabeth in Auftrag gegeben. Wilhelm II. und seinem Gefolge diente die katholische Kapelle für protestantische Gottesdienste. Photo, um 1930.
Privatbesitz

morstatue des sterbenden Achilleus von Herter [Abbildungen siehe Seite 32, 84 und 133, Anm. d. Bearb.]. Kaiser Wilhelm ließ dann noch die hier abgebildete Statue des lanzentragenden Helden von Götz aufstellen [Abbildungen siehe Seite 40, 41, 78 und 133, Anm. d. Bearb.]. Die zweite, kleinere Terrasse wird auf breiter Marmortreppe erreicht. Wiederum in ihrer Mitte eine Palmengruppe! Darin eine Bronzestatue Merkurs, dahinter zwei aufeinander losgehende Ringer aus demselben Metalle. Zwischen letzteren geht es zur dritten Terrasse empor. Auch hier heben sich Bildwerke aus der Pflanzenpracht heraus. Rechts liegt die berühmte Säulenhalle (Peristyl), fast überreich mit Statuen und Büsten geschmückt. Alle antiken Dichter und Redner schauen da in die immer noch klassische Landschaft hinein. Die Aussichten, die man auf diesen Terrassen hat, gehören überhaupt zu den schönsten der Welt. Statuen- und zypressengeschmückt ist auch der große Vorhof der Villa. Deren dritter Teil, der parkartige Garten, reicht bis ans Meer. Hier steht eine Statue Byrons und der Rundtempel, der das Denkmal Heines umgab. Bemerkenswert ist noch die Aussicht auf

Der „Ruhende Hermes", die Nachbildung einer römischen Großbronze auf der oberen Terrasse des Achilleions. Die Plastik wurde im Auftrag Wilhelms II. an einen anderen Standort im Park des Achilleions verbracht, an ihrer Stelle wurde der „Sterbende Achill" von Ernst Herter aufgestellt, der vor dem auf der unteren Terrasse seinen Platz gefunden hatte, wo seit 1910 der „Siegreiche Achill" von Johannes Götz steht.

Die Aussichts-Terrasse mit der marmornen Sitzbank unter Sonnensegel und mit Windharfen, Photo, um 1895.   *Privatbesitz*

Angelos Galliná: „Treppe mit Faustkämpfern", Aquarell und Gouache, Huis Doorn/Niederlande.

die kleine Insel Pontikonisi (Mäuscheninsel), die man von den Terrassen aus sieht. Das zypressenbestandene Felsenstückchen soll das Motiv zu Böcklins bekanntem Bilde der Toteninsel gewesen sein. Die Sage sieht in ihm das versteinerte Schiff der Phäaken, das Odysseus nach Ithaka gebracht hatte und dafür

Marmorne Sitzbank auf der Aussichtsterrasse. Die Sitzbank mit dem Marmortisch ist die Nachbildung eines hellenistischen Originals. Der niederländisch-englische Maler Sir Lawrence Alma-Tadema hat immer wieder schöne Frauen in antiker Gewandung auf solchen Marmorbänken dargestellt.
Photo: Jörg Michael Henneberg, 2002

vom Zorne Poseidons getroffen wurde. Das Inselchen trägt eine Kapelle und wird von einigen Geistlichen bewohnt.

In diesem alten homerischen Lande, bei dem Dorfe Garitza, an dessen Stelle das klassische Kerkyra stand, wurden die Reste eines griechischen Tempels ausgegraben, der aus der Zeit um 650 v. Chr. stammt und zu den ältesten bisher aufgefundenen gehört. Der Kaiser, dem die griechische Regierung das Recht der Ausgrabung abtrat, verfolgte die Angelegenheit mit wärmstem Interesse. Unser Bild, das nach einer Photographie von Th. Jürgensen hergestellt ist, zeigt ihn bei den Arbeiten. Ein nach Korfu geschickter Berichterstatter des „Berliner Lokalanzeigers" erzählte die Geschichte, wie folgt:

Der Aufenthalt des deutschen Kaiserpaares und der Prinzessin Victoria Luise auf der Phäakeninsel Korfu im April des Jahres 1911 erhielt seine ganz besondere Färbung durch das Interesse, das der Kaiser den dortigen in seiner Gegenwart und unter seiner Leitung vorgenommenen Ausgrabungen entgegenbrachte. Fast drei Wochen hindurch hat der Kaiser den Grabungen bei dem Dorfe Garitza unfern der Stadt Korfu beigewohnt, durch die für die Wissenschaft außerordentlich wertvolle Giebelreliefs eines altgriechischen Tempels aus dem 6. Jahrhundert v. Chr. und der dazu gehörige, mit kunstvollen Metopen geschmückte Altar freigelegt wurden. Beinahe täglich, entweder im Automobil oder zu Fuß, begab sich der Kaiser von seinem weißen Marmorschlosse Achilleion zur Bucht von Kallikiopulo und von dort auf Landwegen zur Fundstelle des Tempelbaues. Hier, im Angesichte des alten korkyräischen Kriegshafens, zur Rechten eine frühchristliche Kapelle, zur Linken ein neugriechisches Nonnenkloster und im Hintergrunde alte venezianische Befestigungen, wohnte der Monarch den Grabungen häufig vom frühen Morgen bis zum Sinken der Sonne bei. Und während italienische Arbeiter schaufelten und die Jahrtausende unter der Erde ruhenden Kunstschätze ans Tageslicht beförderten, war der Kaiser unermüdlich im Erklären des Gefundenen. Er selbst maß mit seinem Spazierstocke, auf dem ein Metermaß eingeritzt war, die Größe der gefundenen Stücke, gab die Richtung an, in der gegraben werden sollte, und war trotz der körperlichen Anstrengungen unter der heißen südlichen Sonne stets von größter Frische und bestem Humor. Hier war der Kaiser wirklich Mensch unter Menschen, hier hatte er für jeden Arbeiter ein ermunterndes und freundliches Wort, und hier wurden an sie Geldgeschenke und Ostereier verteilt. Das Enkelkind des Vorarbeiters, das ihm der stolze Großvater noch in den letzten Tagen seines Aufenthalts auf Korfu zuführte, hob der Kaiser zu sich empor und drückte dem kleinen Griechenmädchen einen herzhaften Kuß auf die braunrosigen Wangen – gewiß ein Zeichen dafür, wie gut Kaiser und korfiotische Arbeiterschaft sich verstanden.

Unser zweites Bild [Abbildung siehe Seite 46, Anm. d. Bearb.] gibt eine Probe von den ausgegrabenen Kunstwerken, ein Medusenhaupt, das die besondere Aufmerksamkeit der Archäologen erregt hat.

Peristyl des Achilleions, Farbpostkarte nach einer Gouache von Angelos Galliná, Postkarte, um 1905.
Privatbesitz

Ruth Steinberg

„... AUGUSTE VICTORIA, DER HERRIN DES ACHILLEIONS ..."
Widmung: Wilhelm II.: Erinnerungen an Korfu, 1924

Kaiserin Auguste Victoria

ie Jugendjahre der Kaiserin Auguste Victoria (1858-1921) waren geprägt durch die deutsch-dänische Auseinandersetzung um Schleswig-Holstein, in deren Rahmen die Augustenburger Linie, der sie entstammte, zweimal aus den Herzogtümern verbannt wurde. Seit dem Mittelalter dem dänischen Königreich zugehörig, geriet Schleswig-Holstein Mitte des 19. Jahrhunderts mit der dänischen Herrschaft in Konflikt, als diese in dem Herzogtum das Prinzip der weiblichen Erbfolge durchsetzen wollte. Im deutsch-dänischen Krieg mussten sich die Truppen des Deutschen Bundes geschlagen geben und der Bund im Londoner Vertrag Schleswig-Holstein der dänischen Thronfolge überlassen. So zog die jüngere Linie des holsteinischen Hauses, Sonderburg-Glücksburg, in Schleswig-Holstein ein. Die eigentlich erbberechtigte ältere Linie Augustenburg wurde ausgewiesen und musste auf ihre Erbansprüche verzichten, weil sie für den Anschluss an den Deutschen Bund eingetreten war. Der Herzog Christian August und seine Familie gingen nach Preußen und fanden auf Schloss Primkenau in der Niederlausitz ein neues Zuhause. Wenige Jahre später, 1856, heiratete Friedrich, der älteste Sohn der Familie, die Prinzessin Adelheid aus dem Hause Hohenlohe-Langenburg und übersiedelte auf das Rittergut Dolzig bei Sommerfeld. Dort wurde am 22. Oktober 1858 ihre erste Tochter und die spätere deutsche Kaiserin Auguste Victoria Luise Feodora Jenny geboren. Ihre Namen Auguste und Victoria erhielt sie von den Prinzessinnen und späteren Kaiserinnen Augusta und Victoria, wurde aber von ihrer Familie stets „Dona" genannt.

Zusammen mit ihren Geschwistern Karoline Mathilde und Ernst Günther verlebte Auguste Victoria in der ländlichen Umgebung der Niederlausitz eine ruhige Kindheit, bis im November 1863 der dänische Königs Friedrich VII. starb. In der veränderten politischen Lage hoffte Herzog Friedrich, nach Schleswig-Holstein zurückkehren zu können, um die Herzogtümer unter Herrschaft der Sonderburg-Augustenburger in den Kampf um die Loslösung von Dänemark zu führen. Nachdem sein Vater Christian August ihm sämtliche Rechte übertragen hatte, machte Herzog Friedrich seine Besitzansprüche auf Schleswig-Holstein geltend und konnte noch im selben Jahr auf Beschluss einer allgemeinen Landesversammlung nach Kiel zurückkehren, wo er als Herzog Friedrich VIII. ausgerufen wurde. Als sich die neue herzogliche Regierung etabliert hatte, ließ Friedrich im Februar 1864 seine Familie nachkommen und bezog mit ihr die Schliemannsche Villa am Kieler Hafen. Doch der Krieg des Deutschen Bundes gegen Dänemark schuf rasch neue politische Tatsachen. Obwohl Schleswig-Holstein mit Hilfe der vereinigten Heere Preußens und Österreichs die Dänen besiegte, musste Friedrich VIII. zurücktreten und mit seiner Familie erneut Schleswig-Holstein verlassen, weil dieses auf Bestreben des preußischen Ministerpräsidenten Otto von Bismarck (1815-1898) an Preußen angegliedert wurde. Mit dem preußischen Sieg über Österreich 1866 entschied sich endgültig die Zukunft der Herzogtümer, denn mit dem Frieden von Prag mussten die Besiegten ihre gesamten Rechte an ihnen dem übermächtigen Preußen abtreten. Nach der preußischen Annexion ohne Aussicht auf Herrschaftsrechte und des Landes verwiesen, kehrte Auguste Victorias Familie erneut nach Dolzig zurück, verkaufte das Gut jedoch bald und übersiedelte zunächst nach Gotha und 1869, nach dem Tod des Herzogs Christian August, nach Primkenau in Schlesien.

Die Prinzessin Auguste Victoria wuchs auf Schloss Primkenau im Kreis ihrer Familie in angesichts ihres Standes schlichten und stark religiös geprägten Verhältnissen auf. Für ihre Ausbildung zusammen mit ihrer Schwester Karoline Mathilde stellte der Herzog Pastoren und aus England oder aus der französischen Schweiz stammende Lehrerinnen ein. Victoria Luise bemerkt zu der Ausbildung ihrer Mutter als jungem Mädchen: „Die Kinder wuchsen, wie bei diesem Vaterhaus nicht anders zu erwarten war, anspruchslos und ungekünstelt auf. In eingehenden Besprechungen mit Lehrern und Gouvernanten stellte das Herzogspaar den Unterrichtsplan auf und erörterte mit ihnen pädagogische und fachliche Einzelheiten. Regelmäßig nahm die Herzogin am Unterricht ihrer Töchter in Religion, Geschichte, Geographie und Literatur teil."[1] Später hielten sich Auguste Victoria und ihre Schwester längere Zeit in Pau in Südfrankreich auf, um im Haus einer Schwester des Herzogs Friedrich, der Prinzessin Amalie, ihre französischen Sprachkenntnisse zu vervollständigen. Im Herbst 1880, reisten die Schwestern mehrere Monate nach England nach Cumberland Lodge, dem Wohnsitz ihres Onkels Christian, um mit Sprache und Leben des englischen Hofes vertraut zu werden. In dieser Zeit war Auguste Victoria bereits mit dem preußischen Prinzen Wilhelm verlobt und befand sich in den Vorbereitungen zu ihrer Hochzeit, die kurz nach ihrer Rückkehr nach Primkenau im Februar 1881 stattfinden sollte.

Die erste Begegnung zwischen dem preußischen Prinzen und der schleswig-holsteinischen Prinzessin fand 1868 auf einem Ausflug des Herzogs Friedrich mit seiner Familie von Gotha aus nach Reinhardsbrunn im Thüringer Wald statt, wo ein Treffen mit dem preußischen Kronprinzenpaar und seinen Kindern geplant war. Beide waren im Alter von gerade neun Jahren und niemand ahnte noch etwas von den Schwierigkeiten und Hindernissen, die sich einst im Zusammenhang mit dem Zustandekommen ihrer Ehe auftun würden. Denn zunächst gingen ihre Interessen in eine ganz andere Richtung. Während Auguste Victoria sich in ihrer Jugend für ihren Vetter Ernst von Sachsen-Meiningen und Hilburghausen begeisterte, war Prinz Wilhelm ein gern gesehener Gast am Hof der Großherzogin Alice von Hessen und bei Rhein, der Schwester seiner Mutter Victoria. Er interessierte sich sehr für seine vier Jahre jüngere Cousine Ella, Elisabeth von Hessen und begann bereits im Alter von 16 Jahren, Heiratspläne mit ihr zu schmieden.² Doch die Vorstellungen der Kronprinzessin Victoria für das Heiratsprojekt ihres Sohnes gingen in eine andere Richtung und bezogen sich eher auf Schleswig-Holstein als auf Hessen. Denn obwohl Victoria die Gesinnung und den Lebensstil am Hof ihrer Schwester Alice schätzte und obwohl Ellas jüngere Schwester Irene 1888

Wilhelm II. und Auguste Victoria während eines Besuches in London. Postkarte, um 1902. Privatbesitz

Wilhelms Bruder Heinrich von Preußen heiratete, arbeitete sie systematisch auf eine Ehe ihres Sohnes mit einer der beiden ältesten Töchter des Herzogs von Schleswig-Holstein-Sonderburg-Augustenburg hin. John Röhl bemerkt, dass die Kronprinzessin allen Grund hatte zu vermuten, dass im hessisch-darmstädtischen Haus die Bluterkrankheit Hämophilie vererbt wurde. An der erblichen Krankheit, welche von Frauen übertragen wird, jedoch nur bei männlichen Nachkommen zu Tage tritt, litt zuerst Leopold, der Herzog von Albany, Bruder von Großherzogin Alice und Kronprinzessin Victoria. 1873 verblutete Friedrich Wilhelm, der Bruder der Prinzessinnen Irene und Ella von Hessen nach einem Treppensturz. Ihre Schwester Alexandra (Alix) heiratete 1894 den Zaren Nikolaus II. und übertrug die Erbkrankheit auf das russische Zarenhaus³. Vor diesem Hintergrund ist Victorias zielgerichtete Herbeiführung einer Verbindung der Hohenzollern mit Holstein zu verstehen, die Wilhelm I. als „vorbereitete u. instrigierte, zum zünden gebrachte Absichtlichkeit"⁴ bezeichnete. So scheint es auch wenig verwunderlich, dass der Prinz Wilhelm sich nach anfänglichem Sträuben im Sommer 1878 den Wünschen seiner Mutter fügte und in einem beinahe zu raschen Gesinnungswandel der holsteinischen Prinzessin Auguste Victoria den Hof zu machen begann.

Die Schleswig-Holstein-Sonderburg-Augustenburger standen Victoria nahe, weil ihre Schwester Helena mit dem Bruder des Herzogs Friedrich, Christian,

KAISER WILHELM II.

ERINNERUNGEN AN KORFU

Dem Andenken
weiland Ihrer Majeftät der Kaiferin und Königin
Auguste Victoria,
der Herrin des Achilleions, deren Anregung
diefe Schrift ihre Entftehung verdankt.

BERLIN UND LEIPZIG 1924
WALTER DE GRUYTER & CO.

Die „Erinnerungen an Korfu" erschienen 1924. Wilhelm II. widmete das Werk, an dem er vermutlich bereits während des Ersten Weltkrieges gearbeitet hatte, seiner 1921 verstorbenen Frau, Kaiserin Auguste Victoria. *Privatbsitz*

verheiratet war. Doch musste sie mit ihren Plänen auf erheblichen Widerstand Wilhelms I. stoßen. Weil Schleswig-Holstein nach den Auseinandersetzungen mit Preußen kein regierendes Haus mehr war und die Mutter des Herzogs Friedrich lediglich den Titel einer Gräfin trug, stellte sich die Frage der Ebenbürtigkeit mit dem Haus Hohenzollern. Außerdem waren die Differenzen um Herzog Friedrichs Ansprüche auf Schleswig-Holstein immer noch nicht geklärt. Wilhelm I. bezweifelte sehr, das es ratsam war, seinen Enkel mit der Tochter eines politischen Gegenspielers zu vermählen, der seit über 14 Jahren gegen das Haus Hohenzollern opponierte und bestand darauf, das die Schleswig-Holsteiner restlos auf ihre Rechte an den nunmehr preußischen Herzogtümern verzichteten. So setzte das Kronprinzenpaar in den folgenden Monaten alle Überredungskünste daran, die Schwierigkeiten, die der Ehe gegenüberstanden aus dem Weg zu räumen und Wilhelm I. von Auguste Victoria zu überzeugen. Zu diesem Zweck wurden von ihnen sogar in einem Memoire vom 30. April 1879 die wichtigsten Heiratshindernisse – die Frage der Ebenbürtigkeit, die politischen Probleme und die Missachtung anderer Prinzessinnen – diskutiert[5].

Nach einer ganzen Flut von Gutachten, Meinungsverschiedenheiten und Briefen des Prinzen Wilhelm an den alten Kaiser lösten sich die politischen Probleme mit dem plötzlichen Tod des Herzogs Friedrich in Wiesbaden am 14. Januar 1880. Noch im selben Monat bekam Prinz Wilhelm das kaiserliche Einverständnis für sein Heiratsvorhaben und verlobte sich am 14. Februar mit Auguste Victoria in Gotha. Bei den prunkvollen Vermählungsfeierlichkeiten am 27. Februar 1881 wurde Victoria feierlich im Schloss zu Berlin empfangen und bezog kurz darauf das frisch renovierte Marmorpalais der Hohenzollern in Potsdam. Der holsteinischen Prinzessin eröffnete sich nun, nach ihrer Hochzeit, ein ganz neues Leben, dessen Alltag durch den Hof und die ständige Anwesenheit von Personal förmlich geregelt und von der Offizierslaufbahn des Prinzen Wilhelm bestimmt war.

Doch Victoria scheint sich in ihre neue Rolle im Hause Hohenzollern rasch eingefunden zu haben. Ihre Hofdame Gräfin Keller, die sie bereits aus Gothaer Tagen kannte, bemerkte: „Die Sicherheit und Ruhe, mit der sie durch alles hindurchgeht, ist staunenswert. In dem Maße habe ich es nicht erwartet. Überhaupt scheint sie mir oft wie eine ganz andere Person, und mir ist, als müsse ich die alte Prinzessin Victoria erst herausfinden und die neue Prinzess Wilhelm kennenlernen."[6] In rascher Folge wuchs in den folgenden Jahren die Familie des Prinzenpaares an und wurde zum Mittelpunkt ihres Lebens. Am 6. Mai 1882 kam Auguste Victorias erster Sohn, der spätere Kronprinz Friedrich

Ferdinand Keller: Die kaiserliche Familie im Jahre 1906. Das anläßlich der Silbernen Hochzeit des Kaiserpaares entstandene Gemälde zeigt Wilhelm II. und Auguste Victoria im Kreise ihrer sieben Kinder und der beiden Schwiegertöchter Kronprinzessin Cecilie und Herzogin Sophie Charlotte von Oldenburg, die am Silberhochzeitstag des Kaiserpaares deren zweiten Sohn Prinz Eitel-Friedrich von Preußen heiratete, vor der Kulisse des Neuen Palais in Potsdam. Das Gemälde fand als farbige Reproduktion und als Bildpostkarte weite Verbreitung. Der Historien-, Porträt- und Landschaftsmaler Ferdinand Keller (1842-1922) arbeitete gemeinsam mit Anselm Feuerbach in Rom 1867/1869 und gehörte zum Kreise der Deutsch-Römer. *Privatbesitz*

Wilhelm zur Welt, im Juli 1883 Eitel-Friedrich, im Juli 1884 Adalbert und im Januar 1887 August Wilhelm. In den Jahren 1888 und 1890 sollten die Söhne Oskar und Wilhelm, sowie 1892 die einzige Tochter, Victoria Luise, folgen. Dass es ihr genügte, in der Rolle der Mutter und Ehefrau aufzugehen, wurde der letzten deutschen Kaiserin in der Forschung oft angekreidet. „Politik zu treiben oder gar politischer Ehrgeiz waren der Kaiserin fremd. Sie lebte für ihre Familie: für ihren Mann und für ihre Kinder."[7] Von dem Wunsch nach einem ungestörten Familienleben bürgerlichen Charakters erfüllt, versuchte sie immer wieder, für ihre Familie und ihren Mann bewusst private Räume zu schaffen und diese Freiräume vor der Öffentlichkeit der Hofgesellschaft zu schützen. Dazu gehörten auch Ferienaufenthalte wie die Frühjahrsreisen nach Korfu. „Donas" Qualitäten als Mutter konnte nicht einmal die Kronprinzessin Victoria leugnen und bemerkte, wenn auch einschränkend über ihre Schwiegertochter: „Sie ist eine ausgezeichnete Frau und eine ihren Kindern sehr ergebene, wenn auch nicht kluge Mutter!"[8]

In dieser Zeit, Mitte der achtziger Jahre, war das Verhältnis des Prinzen Wilhelm zu seiner Mutter bereits empfindlich gestört und es blieb auch nicht aus, dass seine Frau Auguste Victoria bei dem Kronprinzenpaar in Ungnade fiel. Gerade Victoria, die sich Ende der 70er Jahre vehement für eine Heirat ihres Sohnes mit der holsteinischen Prinzessin eingesetzt hatte, beklagte sich nun bitter enttäuscht bei der Queen über ihre Schwiegertochter. Sie hatte diese Ehe herbeigeführt, nicht nur, weil Auguste Victoria versprach, eine passable Mutter und Ehefrau zu werden, sondern auch, weil sie sich von ihr einen politischen Standpunkt nach ihrem Geschmack erhoffte. Immerhin war ihr Vater Friedrich von Holstein ein enger Freund des Kronprinzen Friedrich Wilhelm von Preußen gewesen und nach den schleswig-holsteinisch-preußischen Streitigkeiten und der Verbannung aus den Herzogtümern stets als ein Gegner Bismarcks aufgetreten[9].

Auguste Victoria aber orientierte sich in politischen Fragen vollkommen an ihrem Ehemann, der sich zunehmend der Obhut Bismarcks und der konservativen Kreise anvertraute, anstatt den liberalen politischen Überzeugungen des Kronprinzenpaares. Dass ihre Schwiegertochter auch die Vorurteile Wilhelms gegenüber England und damit gegen sie selber teilte, bedeutete für Victoria eine herbe Enttäuschung. Wilhelm II. allerdings schien gerade die Eigenschaften an seiner Frau zu schätzen, welche die Kronprinzessin bedauerte und bekannte offenherzig, „im Alphabet seiner Gemahlin ständen die drei K's am höchsten: Küche – Kinder – Kirche. Er fügte hinzu, daß er eine Frau, die in diesen Lebensbereichen aufgehe, weit mehr schätze, als eine politisierende und sich geistreich gebende Intellektuelle."[10] Im Vergleich mit der Kaiserin Augusta und besonders der ständig intrigierenden und politisierenden Kronprinzessin, stellt Christian Graf von Krockow bei Auguste Victoria fest, dass sie „mehr Enge als Weite des Charakters und der Bildung (besaß). Politischer Ehrgeiz war ihr fremd, und wenn sie ihren Mann überhaupt beeinflusste, dann im streng konservativen Sinne."[11] Sie trat immer für die Bewahrung der monarchischen Autorität ein, weil nach ihrem Empfinden diese Ordnung von Staat und Gesellschaft unantastbar war. Das zurückgezogene, häusliche, familiäre Leben, das Auguste Victoria lebte, entsprach den Erwartungen, die von ihrem Mann, der Hofgesellschaft und besonders der Bevölkerung an sie gerichtet wurden. Für das Volk verkörperte die deutsche Kaiserin das Idealbild der liebenden und umsorgenden Mutter. Ihre Beliebtheit war bis nach ihrem Tod ungebrochen, gerade weil in den Augen vieler die politischen Ereignisse dem symbolischen Wert ihrer Person nichts anhaben konnten. Als nach dem Tod Victorias ihr Leichnam aus den Niederlanden in den Antikentempel des Parks von Schloss Sanssouci überführt wurde, war die Bahnstrecke von Huis Doorn bis Potsdam von trauernden Menschen gesäumt.

Die Ehe des Kaiserpaares war vor allem von der Unausgeglichenheit der Zuneigung geprägt. Während „Dona" Wilhelm scheinbar bedingungslos liebte, ihn in schwierigen politischen Situationen wie der Daily-Telegraph-Affäre 1908 aufrichtete und ihm nach 1918 ins politische Exil folgte, war seine Einstellung ihr gegenüber einem steten Wandel unterworfen. Noch vor seiner inoffiziellen Verlobung am 14.2.1880, als das Kronprinzenpaar und Wilhelm bemüht waren, die verschiedenen Heiratshindernisse aus dem Weg zu räumen, hatte Wilhelm im Herbst 1879 „bei elsässischen Manövern eine intime Affäre mit einer gewissen Emilie Klopp"[12] Nach seiner Eheschließung brach er außereheliche Beziehung zwar ab, was aber nicht verhindern konnte, dass Auguste Victoria sich spätestens nach der Geburt ihres ersten Sohnes von Wilhelm vernachlässigt fühlte. Eine wirkliche Annährung aneinander fand wohl erst wieder im Krieg und im Exil statt. Wilhelms früher Biograph Emil Ludwig bemerkt: „Gewiß ist nur, daß er schon in solchen jungen Jahren lieber unter Männern saß als unter Damen, und froh war, im Kasino seiner Garde mit den Potsdamer Kameraden vergnügt zu sein."[13] Das familiäre Leben fand er auf die Dauer langweilig und suchte in ständigen „Fluchtversuchen" wie Manövern, seinen Nordland-, Jagdreisen etc. eine Abwechslung vom Familien- und Eheleben zu finden.[14] Auguste Victorias Bedauern über seine ständige Abwesenheit drückt sich in ihren Briefen an Wilhelm II. aus, die Röhl abfällig bezeichnet als „deprimierendste Quellen", die ein Hohenzollern-Historiker zu lesen verpflichtet sei. „Stilistisch backfischhaft, inhaltlich öde und leer, bieten sie einen beklemmenden Einblick in die geistige Beschränktheit dieser bigotten Prinzessin und in die klaustrophobische Ehe, in der sich Wilhelm schon mit zweiundzwanzig Jahren befand."[15]

Mit der Thronbesteigung ihres Mannes am 15. Juni im „Dreikaiserjahr" 1888 wurde Victoria deutsche Kaiserin und Königin von Preußen. Die Ernennung zur Kaiserin und der Umzug in das Berliner Schloss veränderten ihr Leben und das ihrer Familie noch einmal grundlegend. Die neue Stellung brachte unweigerlich neue Verpflichtungen und Staatsveranstaltungen in größerem Rahmen mit sich: „Empfänge, Hofbälle, Ordensfeste, Defiliercouren, Staatsakte, Besichtigungen und anderes mehr. Oft folgten die Veranstaltungen so unmittelbar aufeinander, daß sie eine einzige lange Kette ohne Unterbrechungen bilde-

Auguste Victoria im Hermelinmantel. Das Gemälde von L. Klingbeil wurde als Farbdruck und als Bildpostkarte vervielfältigt.   *Privatbesitz*

ten. Was für die Gesellschaft Erlebnis bedeutete, war für die Kaiserin Strapaze."[16]

Neben den offiziellen Veranstaltungen wurde mit den Jahren das karitativ-soziales Engagement für die ärmeren Schichten der Bevölkerung, das für sie unauflösbar mit ihrem Glauben und der Verbundenheit mit dem Protestantismus verknüpft war, zur größten Aufgabe der jungen Kaiserin. 1884 übernahm sie das Protektorat des Elisabeth-Kinder-Hospitals in Berlin, betreute die Berliner Stadtmission und wurde ab dem 28.5.1888 die Schirmherrin des von ihr neu gegründeten „Evangelisch-Kirchlichen Hilfsverein zur Bekämpfung des religiös-sittlichen Notstandes" in Berlin, anderen Städten und in den Industriebezirken, von dem 1890 der „Evangelische Kirchenbau-Verein" abgezweigt wurde. Nachdem sich die Bevölkerung Berlins von 1878 bis 1903 aufgrund der starken Zuwanderung von Arbeitskräften auf zwei Millionen verdoppelt hatte, mangelte es in allen Stadtteilen an Gemeindeneugründungen und Kirchenneubauten.[17] Mit ihrem Engagement für soziale Fragen stand die letzte deutsche Kaiserin der christlich-sozialen Bewegung des Theologen Friedrich von Bodelschwingh nahe.

Die Zuneigung, die Auguste Victoria Zeit Lebens aus der Bevölkerung entgegengebracht wurde, beruht wohl auf ihrem Engagement in sozialen Fragen, welches über die offizielle Verpflichtung hinaus von persönlicher Anteilnahme geprägt war. Besuche der Kaiserin in Krippen, Altenhäusern, Pflegeheimen und Krankenhäusern geschahen häufig unerkannt, weil sie der Meinung war, „daß sie sich dann einen weit richtigeren Eindruck von den Anstalten verschaffen kann, als wenn alles immer fein säuberlich vorbereitet sei." Auch um Privatpersonen einen Besuch abzustatten, pflegte sie sich zu verkleiden und zu Fuß auszugehen, lediglich von wenigen Mitgliedern ihres Hofstaates begleitet. Ihre Hofdame, die Gräfin Mathilde von Keller, stand diesen Vorhaben stets etwas hilflos gegenüber: „Ihre Majestät hatte am Abend vorher in der Zeitung gelesen, dass in der Familie eines in der Dresdener Straße wohnenden Handwerkers

Drillinge geboren wären. Sie sprach gleich den Wunsch aus, sich die Kinder anzusehen und setzte hinzu, sie würde, davon sei sie fest überzeugt, auch unerkannt zu ihnen gelangen, was wir alle natürlich für ausgeschlossen hielten."[18] Denn mit zunehmender Popularität der Kaiserin gestalteten sich derartig unbemerkte Inspektionsbesuche immer schwieriger. Dafür begleitete sie ihren Mann auf Manöver und verband mit diesen Reisen in die Provinz die Besichtigung sozialer Einrichtungen wie Krankenhäuser, Volksküchen, Frauenverbänden und Zweigstellen des Roten Kreuzes. Die Protektorate über die Deutsche Rot-Kreuz-Gesellschaft und den Vaterländischen Frauenverein hatte Auguste Victoria bereits 1890 übernommen. 1897 entstand die Frauenhilfe des Evangelisch-Kirchlichen Hilfsvereins zur Versorgung von Kindern, Alten und Kranken in den Gemeinden als Zusammenschluss der kirchlichen Gemeindefrauenvereine.

Zu ihrem Aufgabenbereich rechnet Auguste Victoria auch die Pflege von Verwundeten des 1. Weltkrieges. Um die Betreuung der Lazarette kümmerte sie sich persönlich und legte auch den Damen der kaiserlichen Familie sowie ihren Hofdamen fürsorgliche Pflichten auf: „Ihre Majestät hat der Kronprinzessin und den übrigen Prinzessinnen wie auch uns vier Damen mehrere Lazarette überwiesen, um die wir uns besonders kümmern sollen; (...)"[19], schrieb Mathilde Gräfin von Keller in einem Brief. Bereits während der Mobilmachung begann Auguste Victoria, Besitzungen der Krone in Krankenhäuser umzuwandeln, unter anderem die Schlösser in Königsberg, Koblenz, Schwedt und Wiesbaden, die Orangerie in Sanssouci, den Kaiserpalast in Straßburg. Während des Krieges reiste sie ununterbrochen durch die Provinzen, um das Lazarettwesen zu organisieren.

Auguste Victorias Name wurde und wird jedoch vor allem mit den zahlreichen neuen Kirchenbauten verbunden, die der Evangelische-Kirchenbau-Vereins in ihrem Namen ab 1890 im gesamten Deutschen Reich errichtete und von denen allein 40 in Berlin zu finden sind. „Keine andere Frau auf dem preußischen Thron konnte ihren Namen mit ihrem derart spezifischen Tätigkeitsfeld verknüpfen. Ob man es nun liebevoll oder sarkastisch aussprach – für den Hauptstädter war Auguste Victoria nur „die Kirchenjuste".[20] In monarchischen Kreisen sah man in dem systematischen Bau von Gotteshäusern und dem Ausbau der Gemeinden ein geeignetes Mittel, um mit traditionell-hierarchischen Werten der wachsenden Beliebtheit der Sozialdemokratischen Partei und ihren neuen, atheistischen Ideen ein Gegenpol zu schaffen.[21] Eine Versammlung am 28.11.1887 im Haus des Grafen Waldersee, in der es um „die Ausbreitung des christlich-socialen Gedankens" ging, markiert den Ursprung der Kirchenbaubewegung. Das Zusammenkommen, bei dem über die Gründung von Stadtmissionen und anderen sozialen Einrichtungen in Großstädten ging, zog in der Öffentlichkeit wie auch am Hof empörte Reaktionen nach sich, weil Wilhelm das Protektorat für die Neugründungen seiner Frau Auguste Victoria übertrug. Dies bedeutete für viele den wachsenden politischen Einfluss ihres umstrittenen Hofpredigers Adolf Stoecker, Gründer der „Christlich-sozialen Partei", die sich durch antisemitischen Einschlag seiner Partei auch bei Bismarck verdächtig gemacht hatte.[22]

Ruth Steinberg

Von Korfu nach Bad Nauheim

Die Telegramme des Oberhofmarschallamtes an Kaiserin Auguste Victoria

uf der Reise nach Athen und Konstantinopel 1889 passierte Auguste Victoria auf der Yacht „Hohenzollern" auf dem Rückweg nach Venedig im Mittelmeer die Insel Korfu. Die erste Begegnung geschah aus sicherer Entfernung: „Wir waren am 9. früh aufgestanden, um die sehr hübsche Fahrt zwischen den Inseln Ithaka und Kephalonia zu genießen. Von der Kaiserin Elisabeth von Österreich, die in einer wunderschönen Villa nahe der Stadt Korfu, bei dem durch die Schönheit seiner Frauen berühmten Dorfe Gasturi, in ihrem Achilleion wohnt, durften die Majestäten nicht Notiz nehmen. Sie will ganz zurückgezogen leben. Der Kaiser ließ daher nur beim Vorbeifahren der Flotte Salut schießen, wofür telegraphisch gedankt wurde."[23]

Nach dieser ersten Begegnung mit Korfu, begleitet Auguste Victoria ihren Mann, nachdem er das Achilleion 1907 vom griechischen König erworben hatte, in den Jahren 1908, 1909, 1911 und 1914 bei Anbruch des Frühlings auf die malerische Mittelmeerinsel. Korfu bot dem Kaiser und der Kaiserin die Gelegenheit, sich von den Strapazen ihrer öffentlichen Verpflichtungen, Reisen, Manövern, Inspektionen zu erholen. Die Aufenthalte bedeuteten für die Kaiserin die Erfüllung ihres innersten Wunsches nach einem ruhigen und ungestörten Familienleben, unangetastet von politischen Ereignissen und den offiziellen, vor allem militärischen Verpflichtungen Wilhelms II. Ein Biograph bemerkt zu der freien, ungezwungeneren Lebensweise der kaiserlichen Familie auf Korfu: „Auf Corfu trägt er (der Kaiser) ausnahmsweise keine Uniform; hier ist er Zivilist und will es sein. Auch die Kaiserin fühlt sich im Achilleion wohl; hier ist alles einfach und ungezwungen, wie sie es fast nicht mehr gewohnt ist, und wie es doch ihrer Grundstimmung entspricht."[24]

Etwa Mitte März 1912 brachen der Kaiser und Prinzessin Victoria Luise zu einer Reise auf, die über Wien und Venedig nach Korfu führen sollte, wo ein längerer Urlaub der kaiserlichen Familie geplant war. Sie trafen am 27. März mit der kaiserlichen Yacht Hohenzoller auf Korfu ein und blieben bis zum 8. Mai im Achilleion. Die Prinzessin Victoria Luise schrieb in Vorfreude auf die Fahrt an ihre Großtante Luise von Baden:

„Papa, August Wilhelm und ich fahren morgen nach Wien – Corfu. Für die arme Mama ist es natürlich schrecklich schwer, nun hier zu bleiben. Sie geht erst ins Marmorpalais, und dort wird Oskar auch bei ihr wohnen, und Joachim kommt auch auf einige Tage hin. Dann ist sie nicht so ganz allein. Sie soll sich ja, wie der Arzt sagt, „langweilen" und ganz ausruhen. Von da geht sie nach Nauheim. Und dann nach Homburg, wo ich sie, so Gott will, gestärkt und frisch wiedersehen werde. (...)"25

Da das chronische Herzleiden der Kaiserin sich in den letzten Jahren verschlimmert hatte, musste sie in diesem Jahr auf einen Korfuaufenthalt verzichten und reiste stattdessen auf Anraten ihrer Ärzte zur Kur nach Bad Nauheim. Bereits im Jahr 1889 mußte Auguste Victoria als 30-jährige junge Kaiserin im Sommer fast einen Monat in Bad Kissingen verbringen, weil sie, wie ihre Hofdame Mathilde Gräfin von Keller notierte, an Herzbeschwerden litt.

Trotz sorgfältiger Behandlung und regelmäßiger Kuraufenthalte in Bad

Victoria Luise (1892-1980), die einzige Tochter des Kaiserpaares, schenkte dem Marinemaler Willy Stöwer 1908 während des gemeinsamen Korfu-Aufenthaltes ihr Portaitphoto mit eigenhändiger Widmung.

Sammlung Jörg-Michael Hormann, Rastede.

Homburg oder bei ihrer Tochter in Blankenburg im Südharz verschlechterte sich Auguste Victorias Gesundheitszustand im Laufe der Kriegsjahre zusehends, nicht zuletzt, weil sie selber sich die bei einer Herzkrankheit angemessene Ruhe nicht gönnte, und die Rolle als Kaiserin mit all ihren offiziellen Verpflichtungen und Tätigkeiten auch weiterhin erfüllen wollte. Auguste Victorias geliebte Inspektionsbesuche, etwa eine dreitägigen Reise im August 1917 zur Besichtigung der „Kaiserswerther Diakonissenanstalt, des daneben liegenden katholischen Krankenhauses, verschiedener Lazarette in Köln und Koblenz, von Fabriken, Bahnhofsdienst, Verpflegungsstätten u.s.w." bereiteten ihr Schwierigkeiten, weil sie „sich während des Besuchs der Lazarette nicht wohl fühlte und kurze Pausen machen mußte. Es war kein eigentlicher Herzanfall, sie fühlte sich nur schwindelig" diagnostizierte ihre stets besorgte Kammerfrau Keller.26 Als Auguste Victoria 1915 in der Hofgärtnerei von Sanssouci eine Obstverwaltungsstelle zur Versorgung der Verwundeten in den Lazaretten einrichten ließ, durfte sie sich in Bad Homburg kaum am Aufsammeln des Fallobstes beteiligen, so rückte ihr die Aufpasserin Keller zu Leibe: „Das ständige Bücken, das für das kranke Herz der hohen Frau sehr schädlich war, machte uns immer mehr sehr besorgt, aber all unser Bitten, sich schonen zu wollen und das Aufsammeln uns allein zu überlassen, war umsonst. Als wir uns einmal, ehe die Kaiserin zum Sammeln hinunterging, daran gemacht hatten, die Paradiesäpfelchen schnell alle aufzusammeln, wurde sie sehr ärgerlich und verbat sich diesen Eingriff in i h r Amt im Homburger Schloßgarten aufs energischste." Im August 1918 erlitt Auguste Victoria in Wilhelmshöhe einen Schlaganfall, von dessen Symptomen, den Sehstörungen und Ödemen sie sich nur langsam und niemals vollständig erholte. Nach den Novemberunruhen, der Abdankung des Kaisers und dem Ende der Monarchien im Deutschen Reich folgt sie ihrem Mann allein in die Niederlande, zunächst in das Schloss Amerongen des Grafen Godard Aldenburg-Bentinck. Im politischen Exil und unter der ständig drohenden Auslieferung des Kaisers an die Ententemächte verschlechterte sich Auguste Victorias Gesundheitszustand, sie „sieht nicht gut aus und geht auch schlecht", verlor an Gewicht und erkrankte schließlich im Mai 1920 nach einem Zusammenbruch ernsthaft in Huis Doorn. Sie wurde bettlägerig und in den folgenden Monaten traten immer wieder „böse Anfälle von Herzschwäche"[27], „Herzkrämpfe" und „qualvolle Attacken mit Atemnot auf", nach denen Auguste Victoria sich Sauerstoffeinatmungen unterziehen musste. Am 11. April 1921 starb die Kaiserin schließlich in Doorn an den Folgen ihrer Herzkrankheit.

Eines der letzten Photos von Kaiserin Auguste Victoria, aufgenommen im Huis Doorn 1921. Privatbesitz

Der Aufenthalt in Bad Nauheim

Nachdem die Kaiserin im Frühling 1912 zunächst 14 Tage in dem von ihr sehr geschätzten Marmorpalais in Potsdam verbracht hatte, fuhr sie nach Ostern, am 9. April 1912 in Begleitung ihres Oberhofmarschalls Baron Mirbach und Dr. Zunker nach Nauheim.

In der Kurstadt Bad Nauheim war bereits im 19. Jahrhundert die „Erste Sool-Badeanstalt zu Nauheim" gegründet worden. Dank des 1846 hervorgebrochenen „Großen Sprudels" und des später gebohrten „Friedrich-Wilhelm-Sprudels" konnte sich Nauheim rasch als Heilbad etablieren. Als mehr Badehäuser und Unterkünfte für die Kurgäste notwendig wurden, errichtete man 1864 das heutige Hauptgebäude des Kurhauses im Auftrag einer damals in Neuheim ansässigen Spielbank. Die medizinischen Erfolge der Bade- und Trinkkuren zogen zahlreiche, zum teil reiche und prominente Gäste aus Wissenschaft, Kultur und Adel in die Stadt. Als Auguste Victoria sich 1912 einer Kur unterzog, genoss Bad Nauheim einen hervorragenden Ruf unter den führenden Herzheilbädern Deutschlands.

Der Großherzog Ernst Ludwig von Hessen-Darmstadt und bei Rhein (1868-1937) ließ seinen Regierungsinspektor Wilhelm Jost zwischen 1902 und 1912 die Bade- und Kuranlagen im Jugendstil neu gestalten und erweitern, um die stetig wachsende Zahl der Kurgäste aufnehmen zu können. 1912 hielt sich die deutsche Kaiserin vom 9. April bis zum 11. Mai in der neu renovierten Anlage zur Kur auf, um ihr bereits seit über 20 Jahren bestehende Herzkrankheit mit Trinkkuren, Warmbädern und Bewegungstherapie behandeln zu lassen. Und wirklich schien die Behandlung zu wirken, wie die Hofdame Keller am 2. Mai 1912 bemerkte:

Großherzog Ernst Ludwig von Hessen-Darmstadt ist mit der Mathildenhöhe in Darmstadt als bedeutendster fürstlicher Protagonist des Jugendstils in Erinnerung geblieben. Der Cousin des Kaisers ließ zwischen 1902 und 1912 die Bade- und Kuranlagen in Bad Nauheim im Jugendstil neu gestalten. Bildpostkarte, um 1915. *Privatbesitz*

„Der Kaiserin geht es gut; sie geht seit einigen Tagen viel mehr und steigt auch. Die Beklemmungen stellen sich viel weniger ein, ja sie geht zeitweise staunenswert elastisch, selbst beim Steigen, das systematisch täglich etwas mehr geübt wird. Heute sagte sie zum ersten Mal, die Schmerzen in den Armen seien viel besser. (...) Der Professor wollte die Kaiserin gern noch bis Sonntag oder Montag hier behalten, hat aber schließlich dem Drängen nachgegeben, daß sie schon am 11. nach Homburg geht."[28]

Nach ihrem Besuch nannte die Presse Bad Nauheim das „Drei-Kaiserinnen-Bad", weil bereits vom 16. Juli bis zum 29. August 1898 die mittlerweile 61-jährige Kaiserin „Sisi", Elisabeth von Österreich-Ungarn, welche unter Depressionen und Schlaflosigkeit litt, hier versucht hatte, ihre Gesundheit zu verbessern. 1910 schließlich kurte die Zarin Alexandra von Russland in Bad Nauheim. Alexandra hatte 1894 den Zaren Nikolaus II. geheiratet und war eine Schwester der Jugendliebe Wilhelms II. Ella von Hessen-Darmstadt und des Großherzogs Ernst Ludwig. Während ihres Aufenthaltes mit Nikolaus II. wohnte die gesamte russische Zarenfamilie für acht Wochen im benachbarten Friedberger Schloss.

Während der Zeit des Kuraufenthaltes erhielt Auguste Victoria mittelst Telegrammen täglich Nachricht von den Ereignissen im Achilleion, namentlich dem Befinden ihrer Familie, die Namen der geladenen Gäste, von Ausflügen und dem Fortgang der archäologischen Ausgrabungen des Kaisers, kurze Wetterberichte. Bemerkenswert scheint hier die Unpersönlichkeit der Mitteilungen, die nicht von Wilhelm II. selber, sondern von Hofstaatssekretär Knauff, dem Oberhofmarschall Grafen von Eulenburg und dem Hofmarschall von Plessen verfasst wurden und der Kaiserin ganz offiziell über das Oberhofmarschallamt zugestellt wurden. Die spärliche Korrespondenz aber scheint der gängige Stil Wilhelms II. gewesen zu sein. Bereits nach der Geburt von Auguste Victorias erstem Sohn, als sie auf Anraten ihrer Ärzte vier Wochen auf Norderney zubringen musste, beschwerte sie sich über die Nachlässigkeit ihres Mannes. „Sie fühlte sich gekränkt, daß er, statt ihr zu schreiben, höchstens ein Telegramm schickte oder flüchtig ein paar Worte auf die Briefe Adolf Bülows kritzelte."[29]

Am 10. April 1912 sandte Auguste Victoria ihrerseits ein Telegramm nach Korfu, welches sie persönlich verfasste und mit „Victoria", ihrem zweiten Rufnamen nach „Dona", unterschrieb. In der Nachricht berichtet sie ihrem Mann von dem Naturschauspiel einer Sonnenfinsternis und von der Jungfernfahrt und dem tragischen Untergang des englischen Luxusdampfers Titanic. Die Kaiserin bedauerte, dass „die Katastrophe der unglücklichen Titanic leider noch viel umfangreicher als zuerst angenommen" sei und ein gewisser Mr. Stead bei dem Unglück vermutlich auch sein Leben verloren hatte. Auffällig ist, dass Auguste Victoria es für nötig hielt, Wilhelm II. direkt und persönlich von dem Tod dieses Passagiers zu informieren, bei dem es sich um den britischen Journalisten und Herausgeber William Thomas Stead handelt. 1849 als Sohn eines Gemeindeministers geboren, bewährte sich Stead bereits in jungen Jahren als glänzender Journalist und wurde 1871 Herausgeber des „Northern Echo" in Darlington.

1880 zog Stead nach London um, wo er in den achtziger Jahren als Mitarbeiter und Herausgeber die liberale „Pall Mall Gazette" von einer beschaulichen Tageschronik in ein kritisches Publikationsorgan mit großem politischen Einfluss verwandelte. Auf der Basis dessen, was Matthew Arnold als „New Journalism" bezeichnete, wurden durch die „Pall Mall Gazette" zahlreiche politische und soziale Reformbewegungen initiiert und unterstützt. Ihre Macht ging so weit, dass die Regierung nach einer Artikelserie Steads mit dem Titel „The Truth about the Navy" 1885 gezwungen war, ihren Verteidigungsetat um 3 ½ Millionen Pfund aufzustocken, um die mangelhafte Landesverteidigung durch die englische Marine zu verbessern. In demselben Jahr publizierte Stead den Artikel „The Maiden Tribute of Modern Babylon", in dem er die verbreitete Prostitution Minderjähriger aus schlechten sozialen Verhältnissen anprangerte, woraufhin fast unmittelbar ein Gesetz erlassen wurde, in dem man die Minderjährigkeit bis sechzehn Jahre festlegte. Es ist möglich, dass Kaiserin Auguste Victoria mit William Stead über dessen Engagement im sozialen Bereich verbunden war, denn auch ihre Evangelische Frauenhilfe betreute so genannte „gefährdete Mädchen" in einem „Zufluchtshaus Eberfeld".

Mit der Gründung des monatlich erscheinenden „Review of Reviews" im Jahr 1890 nahm Stead Abschied vom täglichen Journalismus, unweigerlich auch, weil der Versuch mit „The Daily Paper" 1904 eine eigene Tageszeitung zu gründen fast sofort fehlschlug. In den neunziger Jahren entdeckte er dafür sein bis zu seinem Lebensende bestehendes Interesse für den Spiritualismus und gab vier Jahre lang „Borderland" heraus, eine Zeitschrift, die sich mit psychologischen Phänomenen beschäftigte. Weil Stead sich später immer mehr der pazifistischen Bewegung anschloss, die in Opposition zu dem von der Regierung unterstützten Krieg in Südafrika stand, büßte er massiv an Popularität ein. Als er sich am 10. April 1912 in Southampton auf dem neuen Luxusdampfer „Titanic" einschiffte, war er auf dem Weg nach Amerika, um an einem vom amerikanischen Präsidenten William Howard Taft einberufenen Friedenskongress in der „Carnegie Hall" am 21. April 1912 teilzunehmen.

KÖNIGLICHE ANGELEGENHEITEN: TELEGRAPHIE DES DEUTSCHEN REICHES[1]

25. März 1912 von Venedig

Geheimrat Waldmann[2]   Corfu Archilleion

Hohenzollern trifft vielleicht schon Mittwoch Abend Corfu ein. Alle bleiben an Bord bis Donnerstag früh und nehmen an Bord das erste Frühstück ein. Nach dem Frühstück, also etwa neun Uhr, werden Seine Majestät mit Gefolge nach dem Archilleion fahren. Gepäck wird um acht Uhr Handelshafen verladen. Bitte um freundliche Bekanntgabe. Hier Alles wohl und besten Gruß.

Knauff[3]

25. März 1912 von Venedig

Deutsches Konsulat   Corfu

Hohenzollern trifft vielleicht schon Mittwoch Abend Corfu ein. Seine Majestät werden aber bis Donnerstag früh an Bord bleiben. Bitte Vorsorge treffen zu wollen, daß Donnerstag morgens von acht Uhr an zwanzig viersitzige Wagen und achtzig Gepäckwagen am Handelshafen bereitstehen.

Knauff, Hofstaatssekretär

27. März 1912 von Corfu

Hauptmann Zeiss[4]   Achilleion

Bitte zu veranlassen, daß Automobile morgen früh acht Uhr am Königlichen Hafen halten. Zuerst wird Leibdienst mit Gepäck hineinfahren. Besten Gruß

Knauff

27. März 1912 von Corfu

Ihrer Majestät der Kaiserin   Potsdam[5]

Nach wundervoller sehr schneller Fahrt landete Hohenzollern um sechs Uhr vor Corfu bei prachtvollen Lichtreflecten. Zum Empfange waren anwesend Gesandter Freiherr von Wangenheim[6], Atache Prinz Oettingen, Professor Doerpfeld[7], ... Spengelin und Prefect, welche fünf Herren auch zur heutigen Abendtafel geladen sind. Die Königliche Familie kommt erst nach Ostern. Seine Majestät und die jungen Herrschaften befinden sich sehr wohl.

A. Eulenburg[8]

28. März 1912 vom Achilleion

Ihrer Majestät der Kaiserin   Potsdam

Bei prachtvollem Sommerwetter verließen Seine Majestät mit den jungen Herrschaften die Hohenzollern darauf im Auto zunächst ins Museum, wo daselbst Ausgrabungen vom vorigen Jahre ausgestellt sind und dann nach Achilleion, wo Seine Majestät den Neulingen zwei Stunden lang das ganze Achilleion zeigte. Vegetation gegen voriges Jahr 14 Tage zurück und ganz wunderschön. Allerhöchstes Befinden vortrefflich.

A. Eulenburg

29. März 1912 von Corfu

Ihrer Majestät der Kaiserin   Potsdam

Seine Majestät machte heute früh den gewohnten Spaziergang bei schönem Wetter und haben vormittags Vorträge, da der Feldjäger heute abgehen soll. Das Wetter scheint sich zu ändern. Regen wäre bei der großen Trockenheit sehr erwünscht. Allerhöchstes Befinden vortrefflich.

A. Eulenburg

29. März 1912 von Corfu

Ihrer Majestät der Kaiserin   Potsdam
Oberhofmarschall Amt   Berlin

Seine Majestät machten gestern Nachmittag die Partie über den Santi Deka[9] mit Thee an dem bekannten schönen Aussichtspunkt und besuchten heute früh zu Fuß die Stätte der Ausgrabungen, welche jetzt wieder beginnen sollen. Wetter heute etwas bewölkt. Allerhöchstes Befinden vortrefflich.

                                                                                            Eulenburg

30. März 1912 von Corfu

Ihrer Majestät der Kaiserin   Potsdam

Seine Majestät sahen gestern den Gesandten mit Prinz Oettingen zu Tisch und machten die Partie nach Peleka[10] mit prachtvoller Aussicht. Heute Vormittag Gottesdienst von Goens[11]. Allerhöchstes Befinden vortrefflich.

                                                                                            A. Eulenburg

„Prozession vor Achilleion. Die kaiserliche Familie auf dem Balkon vom Achilleion", als Bildpostkarte verbreitete Photographie von Theodor Jürgensen.
                                                                    Repro: Jörg-Michael Hormann, Rastede

1. April 1912 von Corfu

Ihrer Majestät der Kaiserin   Potsdam
Oberhofmarschall Amt   Berlin Schloß

Seine Majestät wohnten gestern Mittag mit den jungen Herrschaften der Spiridon Procession[12] vom Königlichen Palais aus bei. Griechisches Osterfest fällt dies Jahr mit dem unsrigen zusammen. Nachmittags Thee auf der Terrasse beim Achilleion. Schönes Wetter aber starke Abkühlung.

                                                                                            A. Eulenburg

2. April 1912 von Corfu

Geheimer Oberhofbaurat von Ihne[13] Corfu Hotel d`Angleterre

Seine Majestät der Kaiser lassen Sie und Ihre Frau Gemahlin zur Frühstückstafel heut Mittag ein Uhr nach Schloß Achilleion einladen. Anzug Reiseanzug bzw. Überrock. Bitte bereits um halb eins hier auf dem Schloß zu sein.

A. Eulenburg

2. April 1912 von Corfu

Ihrer Majestät der Kaiserin Potsdam

Gestern Nachmittag wurde ein längerer Spaziergang bei regnerischem Wetter unternommen. Heute früh die gewöhnliche Ausfahrt bei trübem Wetter. Zum Lunch kommen heute Herr und Frau von Ihne, die auf der Rückreise von Athen nach Berlin begriffen sind. Allerhöchstes Befinden vortrefflich.

A. Eulenburg

3. April 1912 von Corfu

Ihrer Majestät der Kaiserin Potsdam
Oberhofmarschall Amt Berlin Schloß

Nach dem gestrigen Orkan besserte sich das Wetter gegen Abend, sodaß noch ein kleiner Spaziergang unternommen werden konnte. Heute früh noch nicht zehn Grad. Spaziergang wie gewöhnlich, Allerhöchstes Befinden vortrefflich.

A. Eulenburg

4. April 1912 von Corfu

Ihrer Majestät der Kaiserin Potsdam

Consistorialrat Goens hielt heute eine wunderschöne Abendmahlsfeier, bei der wir alle Eurer Majestät besonders in Fürbitte gedachten. General von Chelius[14] spielte das Harmonium, welches durch elektrischen Anschluß wesentlich gewonnen hat. Gestern Nachmittag war Partie nach Palaeokastriza[15] bei prachtvoller Beleuchtung. Wetter kühl aber klar.

A. Eulenburg

5. April 1912 von Corfu

Ihrer Majestät der Kaiserin Potsdam

Gestern Nachmittag längerer Spaziergang. Die jungen Herrschaften waren auf dem Deka: Heute Vormittag sehr würdiger Gottesdienst von Goens. Recht kühles Wetter. Allerhöchstes Befinden vortrefflich.

A. Eulenburg

6. April 1912 von Corfu

Ihrer Majestät der Kaiserin Potsdam

Gestern Abend wohnten Seine Majestät mit dem ganzen Hause der Charfreitagsprozession aus Gasturi[16] bei. Es war recht kalt aber funkelnder Sternenhimmel. Heute früh Spaziergang auf den Kiriaki[17] dann Vorträge. Heute Abend wird der Reichskanzler erwartet. Unterthänigsten Dank für gnädiges Telegramm.

A. Eulenburg

7. April 1912 von Corfu

Ihrer Majestät der Kaiserin Potsdam
Obermarschall Amt Berlin Schloß

Seine Majestät holte den Reichskanzler[18] gestern gegen Abend in Corfu ab. Die Rolberg hat auf der Reise von Brindisi bis Corfu die Rekordleistung von nur fünf Stunden Fahrzeit gemacht. Heute Ostergottesdienst und nachmittags Eiersuchen auf der Hohenzollern. Schönes Wetter.

A. Eulenburg

Das Achilleion unter der Kaiserstandarte. Photo vermutlich von Theodor Jürgensen 1908 aufgenommen. Nachlaß Willy Stöwer, Sammlung Jörg-Michael Hormann, Rastede.

Wilhelm II. in weißer Marineuniform auf der Terrasse des Achilleions. Das Photo wurde von Willy Stöwer aufgenommen und diente als Arbeitsskizze für das Portrait in Gouache (siehe Seite 69).
Sammlung Jörg-Michael Hormann, Rastede.

8. April 1912 von Corfu

Ihrer Majestät der Kaiserin   Potsdam

Das gestrige Eiersuchen auf der Hohenzollern verlief bei prachtvollem Wetter. Der Reichskanzler begleitete Seine Majestät auf dem heutigen Morgenspaziergang. Allerhöchstes Befinden vortrefflich. Schönes Wetter.

A. Eulenburg

9. April 1912 von Achilleion

1.) Ihrer Majestät der Kaiserin   Nauheim
2.) Obermarschall Amt   Berlin Schloß

Gestern Nachmittag wurde der Bäuerinnentanz im Dorfe angesehen. Die Musik der Hohenzollern spielte dazu „Im Grunewald ist Holzauktion", eine Melodie, die ganz gut passte. Zur Abendtafel kam Mr. Armour[19] mit Begleiterin. Die neuen Scheinwerfer am Achilleion wurden ausprobiert und wirkten sehr gut. Heute Mittag wird Frau Kronprinzessin Sophie[20] erwartet.

A. Eulenburg

10. April 1912 von Achilleion

Ihrer Majestät der Kaiserin					Bad Nauheim

Kronprinzessin Sophie eintraf gestern Mittag speiste hier. Fürst Fürstenberg[21] abreiste Nachmittags. Schöne Partie nach Lakones bei starkem Winde der heutigen stürmischen Sirocco einleitete. Falls möglich an Bord zu gehen wollen Seine Majestät auf Yacht von Mr. Armour frühstücken.

A. Eulenburg

11. April 1912 von Achilleion

Ihrer Majestät der Kaiserin					Bad Nauheim

Der gestrige Sirocco ist heute Nordweststurm geworden. Reichskanzler aber doch abgereist. Heute Mittag Graf und Gräfin Reventlow-Griminel und der Präfekt, Abends Kronprinzessin.

A. Eulenburg

12. April 1912 von Achilleion

Kaiserin Majestät					Bad Nauheim

Schlechtes Wetter. Regen und Kälte. Seine Majestät haben fünf Tage Hoftrauer für die verewigte Herzogin Wera befohlen. Alles wohl.

A. Eulenburg

13. April 1912 von Achilleion

Kaiserin Majestät					Bad Nauheim

Seine Majestät verbrachten gestrigen Nachmittag an neuer Ausgrabungsstelle an der Mauer von Monrepos[22] sind auch jetzt wieder dort und wollen das Frühstück in Monrepos nehmen, es beginnt aber wieder zu regnen.

Eulenburg

14. April 1912 von Achilleion

Kaiserin Majestät					Bad Nauheim

Ausgrabungen bei Monrepos versprechen keine wesentliche Ausbeute. Es regnete gestern fast den ganzen Tag, heute grau und kalt. Seine Majestät halten Gottesdienst ab, befinden sich sehr wohl.

Eulenburg

15. April 1912 von Achilleion

Kaiserin Majestät					Bad Nauheim

Die jungen Herrschaften waren gestern Nachmittag zu Thee und Tanz auf der Hohenzollern. Heute bei dem unsicheren trüben und schwülen Wetter Spaziergänge morgens und Nachmittags. Allerhöchstes Befinden vortrefflich.

Eulenburg

16. April 1912 von Achilleion

Kaiserin Majestät					Bad Nauheim

Auch gestern blieb das Wetter so unsettled daß nur Spaziergänge gemacht werden konnten, heute aber scheint die Sonne. Allerhöchstes Befinden vortrefflich.

Eulenburg

17. April 1912 von Bad Nauheim

Sr. Majestät Kaiser Corfu

Schoenes Wetter wunderbare Sonnenfinsternis bis auf ganz kleine Sichel die hell blieb ganz verfinstert. Die Katastrophe der unglücklichen Titanic leider viel umfangreicher als zuerst angenommen. Der arme Mr. Stead[23] wie es scheint auch mit verloren.

Victoria

Willy Stöwer: Untergang der Titanic, Mischtechnik, als Doppelbildseite in der Nr. 19 der Zeitschrift „Die Gartenlaube" 1912 veröffentlicht. Sammlung Jörg-Michael Hormann, Rastede

17. April 1912 von Achilleion

Kaiserin Majestät Bad Nauheim

Gestern Thee am Meeresstrand hinter Benizze[24] und Fahrt über Deka. Heute prachtvolles Wetter. Nachmittags Eintreffen der Griechischen Majestäten[25].

Eulenburg

(verm. 18. April 1912 von Achilleion, aber undatiert)

Ihrer Majestät der Kaiserin Nauheim

Gestern Nachmittag Beobachtung der Sonnenfinsternis, die hier zur Hälfte sichtbar war. Gestern Abend Eintreffen der Griechischen Majestäten in Corfu mit Kind und Kindeskind. Die beiden Majestäten und Großfürstin Marie[26] kommen heute zum Lunch. Wetter wieder trübe und unsicher.

A. Eulenburg

19. April 1912 von Achilleion

Kaiserin Majestät   Bad Nauheim

Gestern zur Abendtafel Kronprinzliche Herrschaften mit Tochter[27], heute Abend Prinzenpaar Andreas Prinzeß Battenberg[28] Prinz Christophorus[29].
General von Löwenfeld[30] Graf Platen[31] angeschlossen. Ich einschiffe heute Abend nach Genua, bitte Erlaubniß Euer Majestät Dienstag Vormittag aufzuwarten.

Eulenburg

Morgendlicher Appell auf der Hohenzollern. Photo von Theodor Jürgensen.
Repro: Sammlung Jörg-Michael Hormann, Rastede

20. April 1912 von Achilleion

Ihrer Majestät der Kaiserin   Nauheim

Gestern herrliches Sommerwetter. Nachmittags Ausgrabungen bei Garitza[32] besichtigt. Befinden aller Herrschaften ausgezeichnet. Graf Eulenburg gestern abgereist. Zur Abendtafel waren einige griechische Herrschaften geladen.

Platen

21. April 1912 von Achilleion

Ihrer Majestät der Kaiserin   Nauheim
Oberhofmarschall Excellenz Graf Eulenburg   Neapel, Lloyddampfer „Prinz Heinrich"

Am gestrigen Nachmittage bei schönem Wetter wiederum Ausgrabungen besucht. Abends Kronprinzenpaar geladen. Heute Nachmittag Thee auf der Hohenzollern geplant mit Griechischer Königsfamilie. Befinden allerseits vortrefflich.

Platen

22. April 1912 von Achilleion

Ihrer Majestät der Kaiserin   Nauheim
Oberhofmarschall Graf Eulenburg   Genua, Deutsches Generalkonsulat

Das kleine Tanzfest auf der Hohenzollern verlief sehr nett. Eine für heute in Aussicht genommene Partie nicht ausgeführt wegen unsicherem Wetter.

                                                                                             Platen

(verm. 23. April, aber ohne Monat) 1912 von Achilleion

Ihrer Majestät der Kaiserin   Nauheim

Allerunterthänigsten Dank für gnädiges Telegramm. Zur gestrigen Mittagstafel waren Kommandanten der Hohenzollern geladen. Beim Nachmittagsspaziergang begann der Regen, welcher die Nacht anhielt. Allerhöchstes Befinden vortrefflich.

                                                                                             Platen

24. April 1912 von Achilleion

Ihrer Majestät der Kaiserin   Nauheim
Oberhofmarschall Graf Eulenburg   Berlin Schloß

Am gestrigen Nachmittag wurde ein längerer Spaziergang unternommen. Zur Abendtafel war Frau Kronprinzessin Sophie geladen. Wetter warm aber noch immer unbeständig. Befinden Seiner Majestät und der jungen Herrschaften sehr gut.

                                                                                             Platen

Preisverteilung im Anschluß an das Mannschaftsfest auf der Insel Vido am 23. April 1912.
Photo: vermutlich Theodor Jürgensen, Sammlung Jörg-Michael Hormann, Rastede

25. April 1912 von Achilleion

1.) Ihrer Majestät der Kaiserin Nauheim
2.) Oberhofmarschall Graf Eulenburg Berlin Schloß

Das gestrige Mannschaftsfest der Hohenzollern und Rolberg auf der Insel Vido[33], zu dem auch Griechische Königsfamilie erschienen war, verlief ganz reizend, und hatten Seine Majestät viel Freude an den Aufführungen. Zur Abendtafel war die Familie Wangenheim[34] geladen. Wetter noch immer unbeständig und ziemlich kalt.

Platen

26. April 1912 von Achilleion

1.) Ihrer Majestät der Kaiserin Nauheim
2.) Hofmarschall Graf Eulenburg Berlin Schloß

Zur gestrigen Frühstückstafel waren Frau Kronprinzessin mit Prinzessin Tochter geladen. Nachmittags von drei bis acht Uhr wurde große Autofahrt nach dem nördlichen Teil der Insel unternommen, die ausgezeichnet verlief. Graf Hülsen-Haeseler[35] ist gestern eingetroffen, General von Loewenfeld reist heute ab. Wetter noch kühl und unbeständig. Allseitiges Befinden sehr gut.

Platen

27. April 1912 von Achilleion

1.) Ihrer Majestät der Kaiserin Nauheim
2.) Oberhofmarschall Graf Eulenburg Berlin Schloß

Nach gestrigem Gewitter mit schweren Regengüssen scheint jetzt schön Wetter zu werden. Zur heutigen Frühstückstafel Frau Kronprinzessin mit Prinzessin Tochter und Wangenheims geladen. Nachmittags Ausflug mit Torpedoboot nach Kolura geplant. Befinden Seiner Majestät und der jungen Herrschaften vortrefflich.

Platen

28. April 1912 von Achilleion

Oberhofmarschall Graf Eulenburg Berlin Schloß

Ausflug nach Kolura und Kassiope verlief bei schönem Wetter sehr nett. Heute Frühstückstafel in Monrepos. Nachmittags Tanz im Dorf. Heute wieder trübe, windig und kühl.

Platen

28. April 1912 von Achilleion

Ihrer Majestät der Kaiserin Nauheim

Allerunterthänigsten Dank für gnädiges Telegramm. Ausflug nach Kolura und Kassiope[36] verlief bei günstigem Wetter sehr nett. Zu demselben waren mehrere Einladungen ergangen. Heut Mittag Frühstück in Monrepos. Fünf Uhr Tanz im Dorf.

Platen

29. April 1912 von Achilleion

Ihrer Majestät der Kaiserin   Nauheim
Oberhofmarschall Graf Eulenburg   Berlin Schloß

Frühstück in Monrepos verlief sehr nett, konnte stattfinden im Garten. Seit gestern drei Uhr heftiger Sturm, Regen und kalte Witterung. Heute Abend kinematographische Aufführung im Achilleion. Befinden Seiner Majestät und der jungen Herrschaften vortrefflich.

Platen

30. April 1912 von Achilleion

1.) Ihrer Majestät der Kaiserin   Nauheim
2.) Oberhofmarschall Graf Eulenburg   Berlin Schloß

Den gestrigen ganzen Tag Gewitter mit Wolkenbrüchen. Kinematographische Vorstellung, zu der zahlreiche Einladungen, verlief sehr nett. Prinz Christoph erhielt Schwarzen Adler Orden. Zur Mittagstafel sind geladen Seine Königliche Hoheit Prinz von Sachsen[37]. Heute schönes Wetter. Seine Majestät machten Morgenspaziergang und befinden sich sehr wohl.

Platen

1. Mai 1912 von Achilleion

1.) Ihrer Majestät der Kaiserin   Nauheim
2.) Oberhofmarschall Graf Eulenburg   Berlin Schloß

Nur dauernd Regenwetter, das Ausflüge, Spaziergänge behindert. Allerhöchstes Befinden gut. Heute eintrifft Kreuzer Geier, dessen Kommandant und Kronprinzenpaar zur Tafel geladen.

Platen

2. Mai 1912 von Achilleion

1.) Ihrer Majestät der Kaiserin   Nauheim
2.) Oberhofmarschall Graf Eulenburg   Berlin Schloß

Gestern Nachmittag bei gutem Wetter Tanz im Dorf, der später, um ihn zu erlernen, im Schloß fortgesetzt wurde. Heute Mittag Empfang des Ministerpräsidenten Venzileos[38], welcher mit den Kronprinzlichen Herrschaften zur Frühstückstafel geladen wird. Wetter besser, aber unsicher. Allerhöchstes Befinden vortrefflich.

Platen

3. Mai 1912 von Achilleion

Ihrer Majestät der Kaiserin   Nauheim

Allerunterthänigsten Dank für gnädigen Brief. Gestern Nachmittag konnte ein sehr lohnender Automobilausflug nach Stavros unternommen werden. Abends und in der Nacht wiederum starke Regenfälle. Heutiger Morgenspaziergang konnte stattfinden. Allerhöchstes Befinden gut.

Platen

3. Mai 1912 von Achilleion

Oberhofmarschall Graf Eulenburg   Berlin Schloß

Gestern Nachmittag Automobilausflug, abends und nachts Regengüsse. Heute Morgen Sonnenschein, sodaß Morgenspaziergang stattfinden konnte. Allerhöchstes Befinden gut.

Platen

Ausfahrt mit dem Automobil vor dem Achilleion. Der Kaiser war ein begeisterter Autofahrer.
Photo: Theodor Jürgensen 1912. Repro: Jörg-Michael Hormann, Rastede

3. Mai 1912 von Achilleion

Graf Eulenburg   Berlin Schloß

Um Bergabhang bepflanzen zu können ist Antrag beim (...) Präfekten auf Ueberlassung Grundstücks zum Zwecke Wiederaufforstung nach hiesigen Gesetzen wichtig lediglich Formsache erbitte hierzu Genehmigung. Wetter nun gut Ausgrabungen des Tempels gehen schnell vorwärts. Heute für Königsfamilie Frühstück.

Platen

4. Mai 1912 von Achilleion

1.) Ihrer Majestät der Kaiserin   Nauheim
2.) Oberhofmarschall Graf Eulenburg   Berlin Schloß

Der König hat Tempelausgrabungen im Monrepos (unleserlich) gestattet[39], die äusserst interessant sind und das Allerhöchste Interesse voll und ganz in Anspruch nehmen. Seine Majestät weilten gestern Nachmittag dort und gingen heute gleich nach sieben wieder hinunter. Um (unleserlich) Uhr Besichtigung des Kreuzers Geier beabsichtigt. Offiziere zur Frühstückstafel geladen. Heute endlich prachtvolles richtiges Corfu-Wetter.

Platen

5. Mai 1912 von Achilleion

Ihrer Majestät der Kaiserin   Nauheim

Gestern Nachmittag weilten Seine Majestät drei bis sieben Uhr an der Ausgrabungsstelle. Ausgrabungsarbeiten des Tempels gehen schnell vorwärts. Heute Königsfamilie zum Frühstück. Seine Majestät und jungen Herrschaften in bestem Wohlbefinden. Schönes Wetter.

Platen

6. Mai 1912 von Achilleion

Oberhofmarschall Graf Eulenburg   Berlin Schloß

Gestern Nachmittag bei schönem Wetter Tanz im Dorf, der später mit Hohenzollernkapelle im Schloß geübt wurde. Abends geladen Herr und Frau von Wangenheim und ehemaliger Minister Theodokis. Heute Namenstag des Königs.

Platen

6. Mai 1912 von Achilleion

Ihrer Majestät der Kaiserin   Nauheim

Zum heutigen Geburtstage Seiner Kaiserlichen Hoheit des Kronprinzen alleruntertänigsten Glückwunsch. Nach dem Frühstück gestern Kaffe bei schönstem Wetter auf der Terrasse. Nachmittags von halb fünf bis sechs Uhr Tanz im Dorf, der dann im Schloß mit Hohenzollernkapelle geübt wurde. Heute Namenstag des Königs. Zu gestrigen Abendtafel waren geladen Herr und Frau Wangenheim und ehemaliger Minister Theodokis. Schönes Wetter.

Platen

Theodor Jürgensen: Der Kaiser und der Reichskanzler Theobald von Bethmann-Hollweg auf der oberen Terrasse des Achilleions, aufgenommen 1912.   Repro: Jörg-Michael Hormann, Rastede

7. Mai 1912 von Achilleion

1.) Ihrer Majestät der Kaiserin Nauheim
2.) Oberhofmarschall Graf Eulenburg Berlin Schloß

Gestern Nachmittag lohnender Automobilausflug nach Hermones mit Thee am Strande bei schönstem Wetter. Heute früh gingen Seine Majestät um sieben Uhr zu den Ausgrabungen. Nachmittags auf Einladung des Königs Thee in Monrepos. Befinden Seiner Majestät und der jungen Herrschaften vortrefflich.

Platen

8. Mai 1912 von Achilleion

1.) Ihrer Majestät der Kaiserin Nauheim
2.) Oberhofmarschall Graf Eulenburg Berlin Schloß

Seine Majestät gingen gleich nach gestriger Frühstückstafel wieder zu den Ausgrabungen und verweilten dort bis sieben Uhr. Die Griechischen Majestäten hatten zum Thee eingeladen. Zur Abendtafel kam(en) Wangenheims und Doerpfeld. Heute ein Uhr Abreise. Herrliches Sommerwetter. Allerhöchstes Befinden ausgezeichnet.

Platen

Wilhelm II.: Gorgo, Bleistift und Buntstift, als Schlußvignette veröffentlicht in: Wilhelm II.: Erinnerungen an Korfu, Berlin 1924, S. 52.

Jörg Michael Henneberg

Kaiser Wilhelm II. (1859-1941)

Ein kunst- und kulturhistorischer Lebenslauf
auf Münzen und Medaillen

riedrich Wilhelm Victor Albert, der spätere Kaiser Wilhelm II., wird **am 27. Januar 1859** im Kronprinzen-Palais in Berlin geboren. Seine Eltern sind der nachmalige Kronprinz Friedrich Wilhelm von Preußen, der spätere Kaiser Friedrich III. (1831-1888) und seine Gemahlin Victoria Princess Royal von Großbritannien und Irland (1840-1901), die älteste Tochter der Queen Victoria (1819-1901). Um das Leben der 1859 knapp neunzehnjährigen Mutter zu retten, beschließen die Ärzte nach qualvollen fünfzehn Stunden das Kind zu holen. Beim manuellen Herausziehen des Kindes wird der linke Arm aus dem Schultergelenk gerissen und die Nervenstränge der linken Seite dabei schwer verletzt. Obwohl man den kleinen Prinzen bereits aufgegeben hat, bleibt er mit erheblichen Geburtsschäden am Leben. Sein schweres Handicap wird der Knabe und Mann mit bewundernswerter Disziplin meistern. Am 5. März 1859 wird Prinz Wilhelm in der Kapelle des Prinzregenten-Palais, später Palais Kaiser Wilhelm I. unter den Linden getauft. 1865 erhält der junge Prinz einen Militärgouverneur und 1863 wird seine Ausbildung Dr. Georg Hinzpeter anvertraut. Wilhelm erlebt eine freudlos strenge Erziehung. Der Tradition des Hohenzollernhauses entsprechend, tritt der Prinz mit Vollendung des 10. Lebensjahres in das 1. Garderegiment zu Fuß als Leutnant ein. Begeistert erlebt er den Einzug der Truppen nach dem siegreichen Krieg gegen Frankreich 1871. Sein Großvater, Wilhelm I., ist nun Kaiser des neugegründeten Deutschen Reiches, das aus vier Königreichen (Preußen, Bayern, Sachsen, Württemberg), sechs Großherzogtümern (Baden, Hessen, Mecklenburg-Schwerin, Sachsen-Weimar, Mecklenburg-Strelitz, Oldenburg), fünf Herzogtümern (Braunschweig, Sachsen-Meiningen, Sachsen-Altenburg, Sachsen-Coburg-Gotha, Anhalt), sieben Fürstentümern (Schwarzburg-Rudolstadt, Schwarzburg-Sondershausen, Waldeck, Reuß ältere und Reuß jüngere Linie, Lippe, Schaumburg-Lippe), drei freien Städten (Hamburg, Bremen, Lübeck) und dem Reichsland Elsaß-Lothringen besteht. Es wird später eine Hauptaufgabe Wilhelms II. sein, durch seine Ausübung des Kaiseramtes ein verbindendes Element zwischen den 26 Staaten, die das Deutsche Reich bilden, zu schaffen.

Am 1. September 1874 findet in der Friedenskirche in Potsdam die Konfirmation statt. Auf Befehl seines Großvaters, Kaiser Wilhelm I., führt der Prinz, der bisher den Namen Friedrich Wilhelm getragen hatte, von nun an den Namen Wilhelm. Von Herbst 1874 bis Januar 1877 besucht er auf Wunsch der Eltern das Gymnasium in Kassel und legt dort sein Abitur ab. Das Thema seines deutschen Aufsatzes lautet „Die Entwicklung Parcivals". Anschließend studiert Prinz Wilhelm von Herbst 1877 bis Herbst 1879 an der Universität Bonn Jura, Nationalökonomie, Sozialpolitik, Philosophie, Physik, Chemie, Germanistik, Kunstgeschichte und Archäologie. Bei den Professoren Hälschner, Loersch, von Stintzig (Jura), Held und Nasse (Sozialpolitik, Nationalökonomie), J.B. Meyer (Philosophie), August Kekulé (Chemie), Wilhelm Wilmanns, (Deutsche Literaturgeschichte), Reinhard Kekulé (Archäologie), Karl Justi (Kunstgeschichte). Dieses Studium generale soll auf Wunsch seiner Eltern den künftigen Deutschen Kaiser und König von Preußen umfassend auf seine einstigen Aufgaben vorbereiten.

Medaille auf die Geburt des Prinzen Friedrich Wilhelm Victor Albert (des späteren Kaiser Wilhelm II.) am 27. Januar 1859, ausgegeben anläßlich der Taufe am 5. März 1859, Medailleure: Franz Staudigel und Wilhelm Kullrich nach Entwurf von August Fischer-Vertrieb Firma G. Loos.

Vorderseite: Unter den ausgebreiteten Schwingen des preußischen Adlers eine Tafel mit den einander zugewandten Kopfbildnissen der Eltern. Darüber halten zwei Genien die Königskrone.

Rückseite: Der neugeborene Prinz in den Armen eines herabschwebenden Engels.
Prägung in Silber und Kupfer, Durchmesser 53 mm, Privatbesitz, Photo: Norbert Gerdes.

Am 27. Februar 1881 vermählt sich Prinz Wilhelm von Preußen mit Prinzessin Auguste Victoria Herzogin zu Schleswig-Holstein-Sonderburg-Augustenburg, Tochter des verstorbenen Herzogs Friedrich von Schleswig-Holstein von Sonderburg-Augustenburg und seiner Gemahlin Adelheid Herzogin von Schleswig-Holstein-Sonderburg-Augustenburg geb. Fürstin zu Hohenlohe-Langenburg. Die kirchliche Trauung findet in der Kapelle des Königlichen Schlosses in Berlin statt. Im Frühjahr 1882 bezieht das junge Paar das Marmorpalais am Heiligensee, das etwa 100 Jahre von Carl Langhans für König Friedrich Wilhelm II. erbaut worden war. Aus der Ehe gehen sechs Söhne und eine Tochter hervor.

Kronprinz Wilhelm	1882-1951
Prinz Eitel Friedrich	1883-1942
Prinz Adalbert	1884-1948
Prinz August Wilhelm	1887-1949
Prinz Oskar	1888-1958
Prinz Joachim	1890-1920
Prinzessin Victoria Luise	1892-1980

Medaille auf die Hochzeit des Prinzen Wilhelm von Preußen mit Auguste Victoria Prinzessin von Schleswig-Holstein am 24. Februar 1881, ausgegeben anläßlich der Hochzeit am 27. Februar 1881 im Berliner Schloß. Entwerfer Ludwig Burger, Medailleur Waldemar Uhlmann (Vorderseite), (Rückseite Georg Loos und Wilhelm Kullrich). Vertrieb Firma G. Loos.

Vorderseite: Unter der preußischen Königskrone die einander zugewandten Profilbildnisse des Prinzen Wilhelm von Preußen und seiner Braut, Auguste Victoria Prinzessin zu Schleswig-Holstein.

Rückseite: Das von Knappen umringte Brautpaar symbolisiert die Verbindung der Häuser Hohenzollern und Schleswig-Holstein-Sonderburg-Augustenburg, Durchmesser 53 mm, Privatbesitz, Photo: Norbert Gerdes.

Am 15. Juni 1888 tritt Kronprinz Wilhelm als Kaiser Wilhelm II. die Nachfolge seines Vaters Kaiser Friedrich III. (1831 – 1888) an. Die Kunstchronik widmet am 28. Juni 1888 dem verstorbenen Kaiser Friedrich III., als dem Protektor der Königlichen Museen einen umfangreichen Nachruf. Als Vermächtnis hinterläßt Kaiser Friedrich III. seinem Sohn und Nachfolger den Auftrag, zum Neubau des protestantischen Berliner Domes, der 1905 unter der Regierung Wilhelm II. nach Entwürfen von Julius Raschdorff, der Katholik ist, vollendet wird. Die „Kunstchronik" spricht am Schluß des Nekrologs auf Kaiser Friedrich III. auch die Hoffnungen aus, die man 1888 im Hinblick auf die Entwicklung des kulturellen Lebens in Deutschland mit der Thronbesteigung Wilhelm II. verbindet"... Mit froher Hoffnung und Zuversicht richten sich die Blicke des preußischen Volkes auf seinen Sohn und Nachfolger, den jugendlichen Kaiser Wilhelm II. Es ist bekannt, daß Kaiser Wilhelm, obwohl in erster Linie wie sein Großvater Soldat, auch den bildenden und musischen Künsten ein warmes Interesse schenkt. Er hat sich selbst in der Malerei versucht und den Weihnachtstisch des Vereins Berliner Künstler mehrfach mit den Erzeugnissen seiner kunstfertigen Hand bedacht. Bekannt ist auch seine Vorliebe für die Tonschöpfungen Wagners und die Teilnahme, welche er den Bestrebungen der Wagnervereine gewidmet hat ..."
Das junge Deutsche Kaiserreich, das aus 26 souveränen Staaten besteht, ist noch wenig gefestigt. Wilhelm II. macht es sich zur Aufgabe durch seine persönliche Präsenz in allen Teilen des Reichs dem Partikularismus entgegenzuarbeiten und so das Kaiseramt als die alle Konfessionen, soziale Schichten und Landsmannschaften umklammernde Institution zu etablieren. Dieser Aufgabe dienen die zahlreichen Reisen innerhalb und außerhalb des Reichs.

Medaille auf die Friedensreisen Kaiser Wilhelm II. 1888 ausgegeben anläßlich der Reisen 1888 nach St. Petersburg, Stockholm, Kopenhagen, Stuttgart, München, Wien, Rom, Hamburg.

Vorderseite: Profilbildnis Kaiser Wilhelm II.

Rückseite: Germania auf dem Adler, in der rechten Hand den Lorbeerkranz haltend, in der Linken die Friedenspalme, Prägung in Silber, Durchmesser 3,7 cm, Privatbesitz.　　Photo: Norbert Gerdes

---

Medaille auf den Protektor des Landwirtschaftlichen Bezirks – Vereins Lothringen, ausgegeben anläßlich des Besuchs Wilhelm II. am 27. Oktober 1893 in Metz zum Andenken an die Kapitulation von Metz 1870. Medailleur: L. Chr. Lauer.

Vorderseite: Profilbildnis Wilhelm II.

Rückseite: Wappen Lothringens. Lothringen ist seit 1871 Bezirk des Reichslandes Elsaß Lothringen. Lothringen wird im Frieden von Frankfurt/Main am 10. Mai 1871 von Frankreich an das Deutsche Reich abgetreten. Umweit Metz erwirbt Wilhelm II. das Schlösschen Urville und ist somit Schloßherr auf lothringischem Boden. Urville hatte im 16. Jahrhundert dem Grafen von Kriechingen gehört, der eine Enkelin des Admirals Coligny geheiratet hatte. Dem Grafen Coligny brachte Wilhelm II. als einem seiner vorbildlichen Ahnherrn höchste Wertschätzung entgegen und ließ ihn Denkmäler vor dem Berliner Schloß und dem Stationsgebäude in Wilhelmshaven errichten. Die Besitzung im lothringischen Urville, die Hohkönigsburg im Elsaß, das rekonstruierte Römerkastell Saalburg im Taunus, die Deutsche Botschaft im Palazzo Caffarelli auf dem Kapitol in Rom, die Erlöserkirche in Jerusalem und das Schloß Achilleion auf Korfu sowie die etwa zeitgleich ab 1906 erbaute „Kaiserpfalz in Posen" sind eindrucksvolle Zeugnisse für die imperiale und somit keinesfalls nationalstaatlich reduzierte, kleindeutsche Vorstellungswelt Wilhelm II. Prägung in Bronze, Durchmesser 4,5 cm, Privatbesitz.　　Photo: Norbert Gerdes

Am 31. Oktober 1892, dem Reformationstag, weiht Wilhelm II., die auf seinen Befehl erneuerte Schloßkirche in Wittenberg ein. Bereits sein Vater hatte die Renovierung der Kirche, die durch Martin Luthers vermeintlichen Thesenanschlag als „Keimzelle" der evangelisch-lutherischen Kirche galt, ins Auge gefaßt. Zu der Einweihungsfeier lädt der Kaiser alle protestantischen Bundesfürsten zur Teilnahme ein. Der Deutsche Kaiser möchte sich so als Primus des Deutschen Protestantismus positionieren. Ein Ansinnen, das auch bei der Palästina-Reise und der Einweihung der evangelisch-lutherischen Erlöserkirche in Jerusalem am 31. Oktober 1898 eine entscheidende Rolle spielen wird. Auch die kleine, von der Kaiserin Elisabeth von Österreich eingerichtete Kapelle auf Schloß Achilleion wird von Wilhelm II. für morgendliche Andachten und für den Sonntagsgottesdienst genutzt.

Medaille auf die Einweihung der erneuerten Schloßkirche zu Wittenberg am 31. Oktober 1892, ausgegeben anläßlich der Einweihungsfeier am 31. Oktober 1892. Medailleur: Reinhold Begas.

Die Ausgabe der Medaille erfolgt aufgrund eines kaiserlichen Erlasses vom 30. Oktober 1892.

„Ich habe beschlossen, zur Erinnerung an die am 31. Oktober d. J. stattfindende Einweihung der erneuerten Schloßkirche zu Wittenberg eine Denkmünze in Bronze prägen zu lassen, welche auf der Vorderseite Mein Bildnis, und auf der Rückseite eine Abbildung der Schloßkirche mit der Unterschrift 'ein' feste Burg ist unser Gott" und dem Datum „Wittenberg den 31. Oktober 1892" tragen soll. Die Denkmünze ist in zwei Größen herzustellen. Die größere bestimme ich für die fürstlichen Personen, die der Feier beigewohnt oder sich dabei haben vertreten lassen, und will sie als besondere Auszeichnung auch denjenigen verleihen, welche sich um den Erinnerungsbau oder die Veranstaltung des Festes verdient gemacht haben. Die kleinere Denkmünze beabsichtige Ich allen übrigen Festteilnehmern zu verleihen."

Vorderseite: Profilbüste Wilhelm II. in der Uniform des Garde du Corps. Die Umschrift „Wilhelm II. Deutscher Kaiser" erwähnt nur die kaiserliche Titulatur und unterstreicht so die imperiale Bedeutung des Ereignisses.

Rückseite: Weibliche Personifikation der Reformation trägt in der rechten Hand eine Schrifttafel mit dem Anfang des Luther Chorals „Ein feste Burg ist unser Gott". Der Kelch zu ihren Füßen symbolisiert den Laienkelch. Im Hintergrund die erneuerte Schloßkirche zu Wittenberg. Guß in Bronze, Durchmesser 47 mm, Privatbesitz, Photo: Norbert Gerdes.

Am Geburtstag seines 1888 verstorbenen Vaters Kaiser Friedrich III., dem 18. Oktober 1904, weiht Wilhelm II. das Kaiser-Friedrich-Museum auf der Berliner Museumsinsel ein. Der nach Plänen von Eberhard Ernst von Ihne errichtete Museumsbau erfüllt das Vermächtnis seiner Eltern Kaiser Friedrich III. und Kaiserin Victoria (Kaiserin Friedrich). Die vom Kaiser inszenierte Einweihungsfeier weist ihm selbst die Funktion als Schutzherrn der Künste zu, indem er sich wirkungsvoll in der Basilika des Museums inmitten eines Ambientes aus Kunstwerten der Stauferzeit und des Quatrocento positioniert.

Medaille auf die Einweihung des Kaiser-Friedrich-Museums am 18. Oktober 1904

Vorderseite: Profilbüste Wilhelm II. im Harnisch, geschmückt mit der Ordenskette des Hohen Ordens vom Schwarzen Adler. Die Darstellung knüpft an Darstellungen Wilhelm I. von Oranien an, den Wilhelm II. als einen Ahnherren verehrte. Die Urenkelin Wilhelm I, von Oranien Luise Henriette heiratete 1646 den Großen Kurfürsten Friedrich Wilhelm. Mit der reichen Mitgift kamen auch zahlreiche Kunstwerke nach Brandenburg. Das neue Museum sollte so in eine Jahrhunderte überbrückende Tradition eingebunden werden.

Rückseite: Darstellung des Portals des Kaiser Friedrich Museums mit dem Reiterdenkmal des Kaisers Friedrich. Prägung in Bronze, es wurden auch versilberte Exemplare ausgegeben, Durchmesser 70 mm, Privatbesitz.
Photo: Norbert Gerdes

Am 27. Februar 1906 feiert das Kaiserpaar seine Silberne Hochzeit. Am selben Tage vermählt sich der zweite Sohn des Kaiserpaars, Eitel Friedrich, mit Herzogin Sophie Charlotte von Oldenburg. **Aus Anlaß der Silbernen Hochzeit, am 27. Februar 1906** werden zahlreiche Medaillen ausgegeben. Der in der „Verlagsanstalt Buntdruck" erschienene Prachtband „Unser Kaiserpaar" stellt neben Biographien des kaiserlichen Ehepaars alle Bereiche des kulturellen, sozialen, caritativen, politischen und industriellen Lebens vor. Die Regierungszeit Wilhelms II. wird als Epoche des Fortschrittes in allen Bereichen charakterisiert. Die Mittelmeerreise 1905, auf der auch Korfu besucht wurde, ist ein Thema des umfangreichen Bildbandes. Wilhelm II. fasst bereits 1905 auf Korfu den Entschluß das Achilleion zu erwerben.

Medaille auf die Silberne Hochzeit des Kaiserpaares am 27. Februar 1906, ausgegeben anläßlich der Silbernen Hochzeitsfeier am 27. Februar 1906. Medailleur, unbekannt.

Vorderseite: Gestaffelte Profilbildnisse Wilhelms II. und seiner Gemahlin Auguste Victoria.

Rückseite: Von Kaiserkrone bekrönte Kartusche mit Inschrift, umkränzt von einem Kranz aus Lorbeer und Rosen, flankiert von zwei bekrönten Adlern, Durchmesser 38 mm, Prägung in Silber, Privatbesitz.   Photo: Norbert Gerdes

Das Jahr 1908, indem sich die Thronbesteigung Wilhelm II. zum zwanzigsten Mal jährt, wird zum Krisenjahr der Monarchie. Am 28. Oktober 1908 erscheint im „Daily Telegraph" das überarbeitete Interview, das der Kaiser im Vorjahr, am 18. November 1907 mit dem befreundeten Obersten Stuart Wortley auf Highcliffe Castle bei Bournemouth geführt hatte. Obwohl der Kaiser sich an die Reichsverfassung hält, und das zur Veröffentlichung vorgesehene Interview dem Reichskanzler und dem Auswärtigen Amt zur Genehmigung, Begutachtung und Bearbeitung zuleiten läßt, entfacht die Veröffentlichung des Interviews, das von Wilhelm II. als Beitrag zur Verständigung mit England gedacht war, einen Sturm der Entrüstung. Die Zeitungen wenden sich geschlossen mit nicht mehr zu überbietender Feindseligkeit gegen den Kaiser und überhäufen ihn mit Schmähungen. Der Reichskanzler Fürst Bernhard von Bülow lehnt jede Übernahme der Verantwortung ab. Wilhelm II. trägt sich tagelang mit dem Gedanken, dem Thron zu entsagen. Etwa zeitgleich erschüttert der sog. Eulenburg-Skandal die deutsche Öffentlichkeit. Fürst Philipp zu Eulenburg- und Hertefeld, 1900 von Wilhelm II. in den Fürstenstand erhoben, war seit 1883 der engste Freund des Kaisers und sein wichtigster Ratgeber in allen Bereichen des kulturellen Wirkens. Eulenburg wird nun der Vorwurf des Verstoßes gegen den Paragraphen 175 des Strafgesetzbuches gemacht und er somit als vermeintlicher Homosexueller gebrandmarkt, was die völlige gesellschaftliche Isolation zur Folge hat. Der aufsehenerregende Prozeß gegen den Fürsten Eulenburg wird 1909 wegen der schweren Erkrankung des Angeklagten auf unbestimmte Zeit vorläufig eingestellt. Die von dem Journalisten Maximilian Harden vorgebrachten Verdächtigungen gegen den Fürsten Eulenburg sollten den Kaiser treffen.
Die Daily-Telegraph-Affäre und der Eulenburg-Skandal sind entscheidende Wendepunkte im Leben Wilhelms II. Der Verlust des engsten Freundes, den er glaubt aus Gründen der Staatsraison und zum Selbstschutz fallen lassen zu müssen, und die allgemeine ablehnende Haltung in der deutschen Presse aufgrund des von ihm gut gemeinten Interviews mit dem Engländer Stuart Wortley bestürzen den Kaiser. Dieser „Novembersturm", der sich genau zehn Jahre vor den Ereignissen des 9. November 1918 entfacht, erschüttert Wilhelm II. zutiefst. Die Insel Korfu, die Archäologie, kulturmorphologische Fragestellungen und die Familie sind wichtige Ruhepunkte in dieser unruhigen Zeit. Als gläubiger Christ findet der Kaiser Halt im Glauben.

Medaille auf die Vollendung des Wiederaufbaus, der am 13. April 1908 durch Feuer zerstörten Garnisonkirche zu Berlin, ausgegeben auf Befehl Wilhelms II. im August 1909. Medailleur Stephan Walter. Die Medaille wurde auf Befehl Wilhelms II. aus der Bronze der zerstörten Kronleuchter der Kirche „geprägt". (Bronzeguß)

Vorderseite: Wilhelm II. im Ritter im Harnisch als Adorant kniend vor der wiedererrichteten Garnisonkirche zu Berlin.

Rückseite: Der über die Flammen triumphierende Adler steht vor der aufgehenden Sonne. Die Berliner Garnisonkirche brannte während des Korfu-Aufenthaltes der kaiserlichen Familie 1908 ab. In der Begleitung des Kaisers auf Korfu befand sich auch Militäroberpfarrer Goens, dessen Pfarrkirche die Garnisonkirche war. Die Medaille wurde in Bronze gegossen, obwohl die Umschrift der Rückseite angibt. „GEPRÄGT AUF BEFEHL SEINER MAJESTÄT DES DEUTSCHEN KAISERS UND KÖNIGS VON PREUSSEN WILHELM II:" Durchmesser 60 mm, Privatbesitz.
Photo: Norbert Gerdes

Am 15. Juni 1913 feiert Wilhelm II. sein 25-jähriges Thronjubiläum. Der Eulenburg-Skandal und die Daily-Telegraph-Affäre sind aus dem Bewußtwein der Öffentlichkeit weitgehend geschwunden. Der Kaiser genießt große Popularität im In- und Ausland. Als Friedenskaiser wird er von den Medien gefeiert. Der US-Amerikaner Elmer Roberts veröffentlicht seine Studie „Monarchical Socialism in Germany", in der er Wilhelm II. als den „Motor" des sozialen und technischen Fortschritts in Deutschland bezeichnet. „Emperor William, democrat and monarchist. As democrat the Emperor lives intellectually in all the progressive thought of the time, striving with comprehensive plan to advance the German in mental training, in technical efficiency, in spiritual well being. He welcomes the distribution of wealth and ideas, and leads in the crown socialism that is transforming economic Germany." (Elmer Roberts: Monarchical Socialism in Germany, London, Leipzig 1913, S. 116) Paul Klebinder gibt zum fünfundzwanzig-jährigen Regierungsjubiläum unter Beteiligung französischer, deutscher, englischer und us-amerikanischer Firmen den Prachtband „Der Deutsche Kaiser im Film" heraus, der Kaiser Wilhelm II. als ersten deutschen Filmstar und als modernen Menschen feiert.

Medaille auf das fünfundzwanzigjährige Regierungsjubiläum Kaiser Wilhelms II., ausgegeben von der Königlichen Akademie der Künste zu Berlin anläßlich der Jubiläumsfeiern am 15. Juni 1913, Medailleur: Hermann Hosaeus, Meisterschüler von Reinhold Begas.

Vorderseite: Wilhelm II. in Helm und Küraß im Profil, den Helm von einem Lorbeerkranz umwunden.

Rückseite: Athena Parthenos, den Lorbeerkranz in der Rechten, den Speer in der Linken haltend. Die Göttin Athena ist von einer Umschrift umgeben, die die Architektur, Malerei, Skulptur und Musik nennt. Der Kaiser auf der Vorderseite präsentiert sich mit dieser Prägung der Königlichen Akademie der Künste zu Berlin als deren Schutzherr. Die neoklassizistische Gestaltung dieser Jubiläumsmedaille ist in ihrer formalen Reduktion klassischer Formelemente charakteristisch für den spätwilhelminischen Neoklassizismus im persönlichen Umfeld Wilhelms II. Das von der Firma Cäsar Prächtel für das Achilleion geschaffene neoklassizistische Mobiliar, die kolossale Bronzeplastik des Siegreichen Achill im Park des Achilleions von Johannes Götz sowie das Kavalierhaus von 1907/1908, das Ernst Ziller auf Befehl des Kaisers in der Talmulde neben dem Achilleion errichtet, sind in ihrer „Modernität" bis heute unentdeckt. Prägung in Bronze und versilberter Bronze, Durchmesser 60 mm, Privatbesitz, Photo: Norbert Gerdes.

Vom 22. März bis zum 28. Mai 1914 findet die letzte Mittelmeerfahrt des Kaisers mit Gefolge auf der Kaiserjacht SMY Hohenzollern statt. Kaiserin Auguste Victoria reist erst später nach Korfu, da sie ihrer einzigen Tochter Herzogin Victoria Luise von Braunschweig und Lüneburg bei der Geburt ihres ersten Kindes im März beisteht.
Graf Platen telegraphiert am 30. März 1914 der Kaiserin nach Braunschweig: „Ihrer Majestät der Kaiserin, seine Majestät unternahm heute früh bei herrlichstem Sommerwetter Spaziergang im Park, fällten hierbei einige Bäume. Allerhöchstes Befinden sehr gut." (GStA PK. BPH, Rep. 113 Nr. 1040-1041). Wilhelm II. widmet sich der Parkgestaltung des Achilleions und läßt im Park ein griechisch anmutendes Freilufttheater errichten. Vermutlich plant Wilhelm II. eine weitere Aufführung des kulturhistorischen Ballettstücks „Kerkyra", das der Dichter Josef von Lauff für die Festvorstellung zum 54. Geburtstag des Kaisers am 27. Januar 1913 verfaßt hatte und das in Berlin aufgeführt worden war. Bereits im August 1908 wird im Berliner Königlichen Schauspielhaus auf Veranlassung des Kaisers die „archäologische" Pantomine „Sardanapal" aufgeführt. Mit dramatischen Mitteln will der Kaiser die Öffentlichkeit für die Archäologie interessieren. Im Mai 1914 werden der Generalintendant der königlichen Bühnen Graf Georg von Hülsen-Haeseler und der Dichter Joseph von Lauff als Gäste Wilhelms II. nach Korfu geladen. Das Achilleion ist für den Kaiser sein Sanssouci. Hier kann er sich der Archäologie widmen, die seit 1911 zunehmend die Aufenthalte auf Korfu bestimmt. Am 4. Mai 1914 reist der Kaiser mit Gefolge auf der Hohenzollern von Korfu ab. Für das kommende Jahr sind weitere Ausgrabungstätigkeiten und vermutlich eine grandiose Freilufttheateraufführung des Ballettstücks „Kerkyra" (Korfu) von Lauff im Park von Schloß Achilleion geplant.

Am 28. Juni 1914 werden in Sarajewo der Thronfolger von Österreich Erzherzog Franz Ferdinand und seine Gemahlin die Herzogin von Hohenberg von serbischen Terroristen ermordet. Das mörderische Attentat wird zum Funken im europäischen Pulverfaß. Die Tochter Wilhelms II., Herzogin Victoria Luise schreibt in ihren Memoiren „... Ehe wir es recht zu fassen vermochten, von einer Stunde zur anderen, entschwand die Welt, in der wir gelebt und die wir als selbstverständlich genommen hatten – die gute alte Zeit." (Herzogin Victoria Luise: Im Glanz der Krone, Göttingen 1967, S. 354.) Um die Weltöffentlichkeit von der Gefahr eines Krieges abzulenken, wird der Kaiser von der Reichsregierung nachdrücklich aufgefordert, seine alljährliche Nordlandfahrt auch im Krisensommer 1914, wie gewohnt und zur Beruhigung der Weltöffentlichkeit durchzuführen. Wilhelm II. fügt sich diesem Ansinnen der Reichsregierung, in der Hoffnung so zum Erhalt des Weltfriedens beitragen zu können. Der Druck der Ereignisse läßt den Kaiser die Nordlandfahrt Ende Juli 1914 unverzüglich abbrechen. Alle Friedensbemühungen des Kaisers bleiben fruchtlos. Am 1. August 1914 erklärt das Deutsche Reich Rußland den Krieg, am 3. folgt die Kriegserklärung an Frankreich, am 4. August erklärt England Deutschland den Krieg. Wilhelm II. erlebt diesen Beginn des „europäischen Bürgerkrieges" als Katastrophe. Am 4. August 1914 tritt der Deutsche Reichstag im Weißen Saal des königlichen Schlosses in Berlin zusammen. In der Thronrede wiederholt der Kaiser, seinen Ausspruch: „Ich kenne keine Parteien mehr, Ich kenne nur Deutsche", der das seit dem Regierungsantritt von ihm nachdrücklich angestrebte Ziel, die Schaffung einer gesamtdeutschen Identität eindrucksvoll verdeutlicht.

Medaille auf die Thronrede Kaiser Wilhelms II. am 4. August 1914 im Weißen Saal des Berliner Schlosses. Ausführung: Firma Christian Lauer, Nürnberg.

Vorderseite: Profilbildnis Kaiser Wilhelms II.

Rückseite: Reichsschwert, Zitat Kaiser Wilhelms II. aus der Thronrede vom 4. August 1914: „Ich kenne keine Parteien mehr. Ich kenne nur Deutsche." Prägung in Silber in Polierter Platte, Durchmesser 33 mm, Privatbesitz.
Photo: Norbert Gerdes

Der öffentlich zur Schau getragene Optimismus stimmt keinesfalls mit der persönlichen Einschätzung des Kaisers überein. Der ehemalige Reichskanzler Fürst Bernhard von Bülow, der Wilhelm II. in diesen Tagen begegnet schreibt in seinen Lebenserinnerungen. „... Der Kaiser befahl mich für den nächsten Tag nach dem Schloß, wo er mich im großen Schloßhof empfing. Ich war bis ins Innerste ergriffen, als ich sein bleiches, erschrockenes, ich möchte sagen verstörtes Antlitz erblickte. Er sah erregt und dabei doch abgespannt aus. Die Augen flackerten unruhig. Er schien mir um zehn Jahre gealtert seit dem ich ihn fünf Jahre früher, wenige Monate nach meinem Rücktritt, zum letzten mal im Neuen Palais gesehen hatte. Er legte mir in freundlicher Weise, nach alter Gewohnheit, seinen Arm um die Schulter und begann mit der Bemerkung, daß die fürchterlichen Ereignisse der letzten vierzehn Tage ihn auch körperlich sehr mitgenommen hätten ..." (Bernhard Fürst von Bülow: Denkwürdigkeiten, hrsg. von Franz von Stock-

hammern, Berlin 1931, Bd. 3, S. 146). Im Kriegsverlauf tritt die Person des Kaisers immer mehr in den Hintergrund. Die faktische Macht liegt nicht mehr beim Kaiser als dem Obersten Kriegsherrn, sondern bei der Obersten Heeresleitung mit Hindenburg und Ludendorff an der Spitze. 1916 erscheint unter dem Titel der „Kaiser im Felde" von Bogdan Krieger die letzte umfangreiche Publikation über das Wirken Wilhelms II. In den letzten beiden Kriegsjahren ist der Monarch de facto entmachtet.
Die Revolutionsereignisse Anfang November 1918 und die von der Entente und dem amerikanischen Präsidenten Woodrow Wilson vorgebrachte Forderung, mit dem Deutschen Reich erst nach der Abdankung des Kaisers über einen Friedensvertrag verhandeln zu wollen, läßt Wilhelm II. in der deutschen Öffentlichkeit als Haupthindernis für einen baldigen Friedensschluß und ein Ende der englischen Hungerblockade erscheinen.

Am 9. November 1918 verkündet der Reichskanzler Prinz Max von Baden die Abdankung des Deutschen Kaisers und Königs von Preußen ohne dies mit Wilhelm II. abgesprochen zu haben. Am 10. November geht der Kaiser in die neutralen Niederlande und bittet dort um Asyl, das ihm von der niederländischen Regierung und der Königin Wilhelmina gewährt wird. Zunächst findet er mit seinem Gefolge Unterkunft auf Schloß Amerongen bei Graf Godart Aldenburg-Bentinck.

Am 28. November trifft die Kaiserin in Amerongen ein. Am selben Tage unterzeichnet Wilhelm II. seine offizielle Abdankung als Deutscher Kaiser und König von Preußen. Graf Aldenburg-Bentinck, der wie Wilhelm Ritter des Johanniter Ordens ist, gewährt seinem kaiserlichen Ordensbruder Obdach in der Not.

Im Artikel 27 des Versailler Vertrages wird Wilhelm II. wegen Kriegsverbrechen angeklagt. Am 4. Juni 1919 beschließt der Oberste Rat der Alliierten in Paris, daß der ehemalige Deutsche Kaiser vor Gericht zu stellen sei. Im Januar 1920 wird die niederländische Regierung von den Ententemächten aufgefordert, den Ex-Kaiser auszuliefern. Dies lehnt die Haager Regierung entschlossen und wiederholt ab.
Im Frühjahr 1920 erwirbt Wilhelm II. Huis Doorn, gelegen am Rande des gleichnamigen Dorfes. 1920 nimmt sich der jüngste Sohn des Kaiserpaares, Joachim knapp dreißigjährig das Leben.

Am 11. April 1921 stirbt Kaiserin Auguste Victoria nach langem Leiden. Ihr widmet der Kaiser 1924, seine „Erinnerungen an Korfu".

Am 3. November 1922 heiratet Wilhelm II. die verwitwete Prinzessin Hermine von Schönaich-Carolath, geborene Prinzessin Reuß. Das Leben in Doorn im Kreise eines verkleinerten Hofstaats verläuft ruhig. Wilhelm II. verfaßt mehrere Erinnerungsbände und widmet sich der Archäologie und Kulturmorphologie. Die Machtergreifung der Nationalsozialisten 1933 und der Tag von Potsdam 1934 mit dem die nationalsozialistische Regierung eine Verbindung zur preußischen Tradition herstellen will, werden vom Kaiser keinesfalls positiv aufgenommen. Seine Frau Hermine hingegen setzt große Hoffnungen in die nationalsozialistische Regierung, von der sie sich eine Restauration der Monarchie in Deutschland erhofft. Die Judenverfolgungen am 9./10. November 1938 entsetzen den Kaiser. Er äußert gegenüber seinem Adjutanten Sigurd von Ilsemann: „Zum ersten Male schäme ich mich, ein Deutscher zu sein."

Am 4. Juni 1941 stirbt Kaiser Wilhelm II. in Huis Doorn in den seit 1940 von der Deutschen Wehrmacht besetzten Niederlanden. Adolf Hitler ordnet ein Staatsbegräbnis in Berlin an. Schließlich gelingt es dem Kronprinzen Wilhelm doch noch, den letzten Wunsch seines Vaters zu erfüllen und die Beisetzung im Park von Huis Doorn durchzuführen.

Im Codizill zu seinem letzten Willen hatte Wilhelm II. bereits am 25.12.1933 festgelegt:
> „Sollte Gottes Rathschluß mich aus dieser Welt abberufen zu einer Zeit, da in Deutschland das Kaisertum noch nicht wieder erstanden, d.h. eine nicht monarchische Staatsform noch vorhanden ist, so ist es mein fester Wille, da ich im Exil in Doorn zur ewigen Ruhe eingehe, auch in Doorn provisorisch beigesetzt zu werden.
> An der Stelle dem Hause gegenüber, wo vor den Rhododendrons meine Büste steht, soll vor ihr der Sarg unter dem vom Bildhauer Betzner entworfenen, von mir genehmigten Sarkophag aufgestellt werden unter einem zum Schutz gegen das Wetter von Betzner zu entwerfenden Baldachin. Blumenbeete leuchtender Farben-Cinerarien, Salvia sollen es umgeben. Die Feier schlicht, einfach, still, würdig. Keine Deputationen von zu Hause. Keine Hakenkreuzfahnen. Keine Kränze. Dasselbe gilt für I.M. im Falle ihres Heimganges in Doorn. Sterbe

ich in Potsdam, so sollen meine Gebeine in dem oben genannten Sarkophag im Mausoleum am Neuen Palais beigesetzt werden, derart, daß er zwischen den beiden Kaiserinnen zu stehen kommt. Militärische Feier, keine Hakenkreuzfahnen, keine Trauerrede. Gesang, Gebet."

Die deutschen Tageszeitungen werden von der Regierung angewiesen, über den Tod des Kaisers nur in knapper Aufmachung zu berichten. Wochenschauaufnahmen von der Beisetzung in Doorn dürfen in Deutschland nicht gezeigt werden.
Der Schriftsteller Reinhold Schneider verfaßt als Nachruf sein „Andenken (an Wilhelm II:)." Der Nekrolog kann im Nazi-Deutschland nicht erscheinen. Schneider zeichnet ein einfühlsames Bild des Kaisers, das in seiner Menschlichkeit und tiefen Religiosität als Gegenbild zu den totalitären Führern der Nationalsozialisten zu verstehen ist: ... Wer die hohe Ehre hatte, dem Kaiser in diesen Jahren auch nur ein einziges Mal gegenüberzustehen, der mußte einen erschütternden Gegensatz fühlen zwischen dem Schicksal und der Art, wie es getragen wurde. Das Schicksal war mit der Überstürzung und Wucht über ihn gekommen, die so oft schon in der Geschichte die Mächtigen trafen und recht eigentlich deren Schicksal zu sein scheinen; getragen wurde es von dem Betroffenen fast mit Heiterkeit, deren Grund tiefe Ergebung, Einsicht in das eigene Handeln, festes Vertrauen auf Gottes Lenkung war. So konnte man meinen, er, dessen Leben auf tragische Weise in der Mitte zerbrochen war, habe keine Anlage zu einer tragischen Erfahrung gehabt; er war ein Mensch ohne Arg; so gerne er Anregungen aufnahm, so versetzte er sie doch sofort in eine große, ihm allein eigene Perspektive: mit Bezug auf die Krone und deren Bestimmung in der Geschichte sah er alle Erscheinungen an; sein Leben war zerbrochen, sein Denken, sein Glaube nicht. Das enge Haus, das ein dunkler Graben umzog, die eintönige Landschaft, auf der so oft der Nebel und die Feuchtigkeit lasteten, konnten bedrückend sein; aber der Kaiser hatte die ihm angeborene Freude an den Dingen nicht verloren; vor seinen Augen standen die Erinnerungen, nicht von Wehmut verhüllt, sondern mit der Leuchtkraft eines frischen Herbsttages; die ganze Weite der Welt, die ganze Tiefe der Geschichte waren ihm gegenwärtig; er stand in der heftigsten Wechselwirkung mit Ländern, Völkern und Zeiten und ihren geistigen Werten. Tiefer Gram hatte den Glanz seiner Augen getrübt, aber er konnte noch lachen wie ein Jüngling; eine Geste verriet die alte Gewohnheit des Befehls; in seinen Worten, in seinen Handlungen konnten sich eine Zartheit der Rücksicht, der Fürsorge und Einfühlung andeuten, die erschütterten. Er schenkte, wie nur Könige schenken können, indem er sich der äußeren Hoheit völlig begab und den andern auf die schönste menschliche Art beglückte; so dachte er sich Freuden aus, ohne die Mühe zu scheuen, die sie ihm machten, besuchte er gleichsam den andern in dessen eigenstem Dasein. Da er ohne Arg war, so war er im Grunde auch ohne Waffen; vielleicht ist es leicht gewesen, ihn zu täuschen. Aber wie sehr müßten diejenigen, die es taten, sich gerade durch seinen Glauben und seine Arglosigkeit beschämt fühlen!"

Wilhelm II., Deutscher Kaiser und König von Preußen auf dem Totenbett, Photo, Juni 1941.　　　　　　　　　　*Privatbesitz*

Jörg Michael Henneberg

Mit Kaiser Wilhelm II. auf Korfu
Ein Wegweiser

Gastoúri

Das kleine Gastoúri ist eines der schönsten und am ursprünglichsten gebliebenen Dörfer der Insel. Bereits Ende des 19. Jahrhunderts gründeten die Bewohner eine Musikkapelle. Wilhelm II. verlieh der Musikkapelle eine von ihm entworfene Uniform, die noch heute getragen wird. Der Ort ist von Korfu-Stadt bequem mit dem Linienbus in gut fünfzehn Minuten zu erreichen. Gastoúri liegt dem Achilleion am nächsten, so daß es häufig von Kaiserin Elisabeth von Österreich und von Kaiser Wilhelm II. besucht wurde. Der Elisabeth-Brunnen erinnert an die österreichische Kaiserin. Wilhelm II. übernahm für mehrere Kinder in Gastoúri die Patenschaft.

Gastouri, Photo, um 1895, Privatbesitz.

Elisabeth-Brunnen

Folgt man in Gastoúri an der Hauptstraße dem griechischen Wegweiser zur Kirche Odigitrias und bleibt auf der Fahrstraße, kommt man durch ein Tal zum Brunnen, vor dem eine alte Platane steht. Der kleine weiße Kuppelbau mit zwei Eisengittern war ein Geschenk der Kaiserin an die Dorfbevölkerung.

Achilleion

Mai–Sept. tgl. 10-19 Uhr
Sonst Di–So 8:30-15 Uhr

Das Achilleion wurde 1888 und 1892 für die Kaiserin Elisabeth von Österreich erbaut. Das hervorragend restaurierte Schloß liegt in einem Park hoch oberhalb der Ostküste.

Wilhelm II. erwarb das Achilleion im Jahr 1907 vom österreichischen Kaiserhaus. 1907/1908 wurde links von der Talmulde neben dem Achilleion das Kavalierhaus nach Entwürfen von Ernst Ziller erbaut. Das in einer schmucklosen Funktionalität an Bauten Karl Friedrich Schinkels orientierte Gebäude, diente als Unterkunft für die kaiserlichen Kuriere, die Akten zur Unterschrift aus Berlin herüberbrachten, sowie für einen Teil des Kaisers Gefolge. Das Kavalierhaus ist gegenwärtig nicht zugänglich. Das sachliche Gebäude kann als der formal „modernste" Kronbau Wilhelm II. gelten.

Bildpostkarte mit einer Darstellung des Achilleions und ovalen Portraitphotos von Kaiser Wilhelm II. und König Georg I. von Griechenland, Postkarte, um 1908, Privatbesitz.

Der „**Siegreiche Achill**" des Bildhauers Johannes Götz wurde 1910 von Mannschaften der SMS Victoria Louise auf der unteren Terrasse des Achilleions aufgestellt.

Der **Sterbende Achill** von Ernst Herter wurde 1910 von der unteren Terrasse, die Wilhelm II. zur Aufstellung des Siegreichen Achill von Johannes Götz bestimmte, auf die obere Terrasse transportiert. Auf der oberen Terrasse hat Wilhelm II. gerne im Freien gearbeitet. Das Photo von Theodor Jürgensen, das Wilhelm II. bei Aktenstudium unter dem Sonnenschirm zeigt, entstand hier.

Der „Sterbende Achill", Bildpostkarte, um 1908, Privatbesitz.

Der „Siegreiche Achill", Photo, um 1910, Privatbesitz.

Glastüren zum Peristyl

Die Glastüren in ihren edlen neoklassizistischen Formen ließ Wilhelm II. bereits 1908 einbauen. Er liebte die Arbeit im Freien und die Glastüren erlaubten einen direkten Zugang zur oberen Terrasse des Achilleions. Die Glastüren stammen vermutlich von der Berliner Firma Cäsar Prächtel, die auch die weißgefaßten „Empire Möbel" in den Räumen des Achilleions angefertigt hat.

Glastüren zum Peristyl, Photo, 2002, Jörg Michael Henneberg.

Blumenkübel aus Terracotta

Die rot glasierten Blumenkübel aus Terracotta sind Produkte der Königlichen Majolikamanufaktur Kadinen/Westpreußen, die von Kaiser Wilhelm II. gegründet wurde. Vergleichbare Stücke finden sich im Park des kaiserlichen Exilsitzes Huis Doorn/ Niederlande. Die germanisch-nordische Motivik verweist auf das Anknüpfen an die nordisch-germanische Vergangenheit. Philipp Graf zu Eulenberg und Hertefeld (seit 1900 Fürst zu Eulenburg und Hertefeld) hatte nordische „Skaldengesänge" komponiert und sie seinem Freund dem Kaiser gewidmet. Die altsommerlichen Nordlandfahrten galten als das nordische Pendant zu den Mittelmeerreisen, die immer im Frühling stattfanden. Im Park des Achilleions haben sich einige der Terracottakübel mit nordisch-germanischen Motiven erhalten.

Blumenkübel der Majolikamanufaktur Kadinen, Photo, 2002, Jörg Michael Henneberg.

Kaiserbrücke und Mole

Die Mole unterhalb des Schlosses Achilleion mit den zwei marmornen Delphinen wurde bereits für Kaiserin Elisabeth von Österreich erbaut. Den Delphin hatte sie sich als Wappentier des Achilleions erkoren. Die über die Straße führende Brücke, die die Mole direkt mit dem Park verbindet, ist für Wilhelm II. errichtet worden. Von ihr sind heute nur noch die Ansätze erhalten. Vor der Mole lagen die Kaiserliche Yacht „Hohenzollern" und die Begleitschiffe auf Reede. Da nicht das gesamte Gefolge des Kaisers im Schloß Achilleion und dem Kavalierhaus untergebracht werden konnte, dienten die Hohenzollern und ihre Begleitschiffe als Unterkünfte. Die Brücke erleichterte den Verkehr zwischen dem Achilleion und den Schiffen, zumal auf der „Hohenzollern" auch für die kaiserliche Tafel des Achilleions gekocht wurde und die Mahlzeiten in großen Körben den Park hinaufgetragen werden mußten. Die Mole trägt seit dem die Bezeichnung Kaiser Brücke oder Kaisers Bridge.

Kaiserbrücke mit Mole, Photo, um 1910, Privatbesitz.

Kaisers Throne

Kaiser Wilhelm II. bevorzugte während seiner Urlaubsaufenthalte auf Korfu einen kleinen Fels auf der Kuppe des Hügels, der Pélekas überragt, um den Sonnenuntergang zu beobachten. Hier ließ er eine Aussichtsterrasse anlegen. Heute führt aus dem Dorf eine Asphaltstraße hinauf (Wegweiser: „Sunset"). Auf dem Gipfel steht ein Hotel mit schöner Sonnenuntergangsterrasse. Im Juni sieht es so aus, als ob der rote Feuerball die Berghänge hinunterrollte, wenn der Sonnenball auf einer Bergkuppe aufzusetzen scheint und dann im Neigungswinkel des Hanges seinen Himmelslauf fortsetzt. Die Sonnenmetaphorik spielte bei der Darstellung des imperialen Selbstverständnis Wilhelm II. eine herausragende Rolle.

Kloster Panagia Theotókos tis Paleokastritsas

An der Spitze der grünen Halbinsel zwischen Ambeláki- und Spiridon-Bucht, tgl. 7-13 und 15-20 Uhr.

Hoch über dem Meer thront das blendend weiße Männerkloster der Allheiligen Gottesgebärerin aus dem 18. Jh. Mit seinem von Stützbogen überspannten Laubengang, dem Münzen schluckenden Brunnen, dem Blumenreichtum und dem blitzsauberen Zellentrakt rund um den kleinen Innenhof ist es sicherlich das romantischste der korfiotischen Klöster. In der Kirche mit einer bemalten Flachdecke sind zwei Ikonen aus dem Jahr 1713 im Stil der Ionischen Schule besonders bemerkenswert. Sie stellen in je vier Feldern Szenen aus der Schöpfungsgeschichte dar. Im kleinen Klostermuseum sind weitere Ikonen aus dem 13. Jh. und das Gästebuch des Klosters ausgestellt, in das sich 1909 Kaiser Wilhelm II. und 1985 Jimmy Carter eintrugen.

Kloster Paleokastritsas, Photo, um 1895, Privatbesitz.

Kérkiria, Korfu Stadt
Archäologisches Museum:

Odós Vraila 1, Neustadt, Di-Sa, 8:30-15, So, 9:30-14:30 Uhr.

Die beiden bedeutendsten Ausstellungsobjekte sind der archaische Gorgo-Giebel vom Artemis-Tempel (um 585 v. Chr.) sowie der kleinere, spätarchaische Figaretto-Giebel (um 510 v. Chr.). Als frühharchaisch (um 630 v. Chr.) gilt die Löwenplastik vom Grabmal des Menokrates. Schön sind auch verschiedene kleine Bronzefiguren, der große Münzfund sowie Schmuck verschiedener Epochen. Die Leitung der Ausgrabung des Artemis-Tempels wurde 1911 Kaiser Wilhelm II. übertragen. Seine Ausgrabungen sind heute noch in Archäologischen Museen zu sehen. Der Krieger von einer Metope des Gorgo-Tempels (Artemis-Tempel) wurde vom Kaiser persönlich ausgegraben und wissenschaftlich kommentiert (Abb. S. 51, Anm. d. Verf.). „Ein kostümlich höchst interessanter Fund wurde von mir persönlich gemacht. Eine etwa meterhohe Reliefplatte wurde auf-

Esplanade, Photo, um 1930, Privatbesitz.

Zitadelle, Photo, um 1930, Privatbesitz.

gedeckt, die auch auf ihrer Vorderseite lag. Nach ihrer Umdrehung befreite ich den Stein mit Schwamm, Bürste und Wasser selbst vorsichtig von dem ihm anhaftenden Erdreich. Es kam die Kampfdarstellung eines vollbewaffneten hellenischen Kriegers zum Vorschein. Aber wie erstaunlich ich, als ich an der sehr akkurat und sauber ausgeführten Bewaffnung zum ersten Male bei antiken Kriegern Ober- und Unterarmschienen entdeckte, welche, wie die Darstellung gut erkennen ließ, nicht etwa mit Riemen festgemacht, sondern federnd angebarbracht waren und je nach dem Muskelspiel des Armen sich öffneten, nachgaben oder sich wieder zusammenzogen. Eine sofortige Nachricht an Prof. Karo in Athen teilte die Entdeckung mit und bat um Angabe, ob solche Darstellung irgendwo, etwa auf Vasen, schon vorhanden sei. Nach vielem Forschen und Vergleichen konnte Prof. Karo melden, daß Oberschenkelschienen und ein kurzer Oberarmschutz

Fischerszene, Photo, 1900, Privatbesitz.

auf einzelnen alten Vasenbildern vorkommen, die Unterarmschiene sei aber bisher nirgendwo zu finden; voraussichtlich werde das gefundene Relief wohl die erste Darstellung dieser Schienen, somit ein Unikum in der griechischen Bewaffnungsgeschichte sein. Man denke sich einen hellenischen Helden auf der Bühne mit metallenen Oberarm-, Unterarm-, Oberschenkel- und Beinschienen angetan! Er würde das Publikum zu der Annahme verleiten, daß der Herr Theaterintendant aus Versehen in die Requisiten der Jungfrau von Orleans hineingegriffen und einen Ritter herausstaffiert habe!" (siehe Abb. Seite 51).

Kaiser Wilhelm II.: Erinnerungen an Korfu, Berlin/Leipzig 1924, S. 91/93

Artemis-Tempel

Die Überreste des bedeutendsten Tempels des antiken Kérkira sind mehr als spärlich und kaum ein Foto wert. Trotzdem konnten Archäologen feststellen, dass der Tempel um 590 v. Chr. erbaut wurde, 48 m lang und 22 m breit war, und dass die Ringhalle von 48 über 6 m hohen Säulen gebildet wurde, von denen heute keine einzige mehr steht. Die ersten wissenschaftlichen Ausgrabungen machte der deutsche Altertumsforscher Wilhelm Dörpfeld unter der Leitung Kaiser Wilhelms II. 1911-1914. Frei zugänglich vor den Mauern des Klosters Agii Theodóri gelegen, Zugang von der Basilika von Paleópolis aus über die Odós Derpfeld, bei der ersten Gabelung über die Asphaltstraße nach links weitergehen. Stadtbus nach Kanóni, Haltestelle Paliópolis.

Artemis-Tempel, Photo, 1911/1912, abgedruckt in: Wilhelm II. Erinnerungen an Korfu, Berlin, Leipzig 1924.

Königliches Schloß, vordem Palast des britischen Gouverneurs

Im April 1905 besuchte Wilhelm II. auf seiner Mittelmeerreise Korfu. Seine Schwester Sophie heiratete 1889 den Kronprinzen Konstantin von Griechenland. Die griechische königliche Familie residierte im Königlichen Schloß in Korfu Stadt und im Schlößchen Mon Repos.

Am nördlichen Rand der Esplanade steht das größte Gebäude der Stadt, das Königliche Schloß. Es wurde für die jährliche Gipfelkonferenz der Ministerpräsidenten der Europäischen Union 1994 gründlich restauriert. Die Engländer ließen den Palast 1819 bis 1823 für den Lordhochkommissar der Inseln im klassizistischen Stil erbauen. Als Material diente Sandstein von einer anderen Mittelmeerinsel, die sich die Briten ebenfalls angeeignet hatten: von Malta. Für Offiziere, die sich auf Malta und den Ionischen Inseln verdient gemacht hatten, war kurz zuvor der Orden des hl. Georg und des hl. Michael gegründet worden, der ebenfalls in diesem Palast seinen Sitz nahm. Heute sind zwar nur wenige Räume öffentlich zugänglich, sie vermitteln aber dennoch einen guten Eindruck von der Pracht, in der die britischen Hochkommissare im vorletzten Jahrhundert und später die griechischen Könige residierten. Di-So, 8-14:30 Uhr, Eintritt frei, Esplanade.

Mon Repos

Hera-Tempel, Photo, 1911/1912, abgedruckt in: Wilhelm II.: Erinnerungen an Korfu, Berlin, Leipzig 1924.

Das kleine Schloss in einem großen, alten und teilweise verwilderten Park hat eine bewegte Geschichte hinter sich. Der britische Lord High Commissioner Sir Frederick Adam ließ es für sich als private Residenz bauen. 1864 ging es in den Besitz des griechischen Königshauses über. 1921 wurde hier Prinz Philipp, der Gemahl von Königin Elizabeth II., geboren. Seit der letzte griechische König, Konstantin II., ein Urenkel Kaiser Wilhelms II., 1967 ins Exil ging, stand es leer. 1994 wurde es enteignet und gehört nun dem griechischen Staat. Das Schloss selbst dient als Kulturzentrum, der 280 ha große Park lädt zu Spaziergängen ein. Dabei stößt man auch auf die Überreste eines antiken Tempels für die Göttin Hera. Tagsüber frei zugänglich. Eingang an der Haltestelle Paleópolis an der Busstrecke nach Kanóni.

ZEITTAFEL

734 v. Chr.	Korinther gründen auf Korfu die Kolonie Corcyra.
nach 432 v. Chr.	Korfu kommt in Folge des Peloponnesischen Krieges unter den Einfluß Athens.
229 v. Chr.	Korfu wird römisch.
395 n. Chr.	Bei der Teilung des Römischen Reichs wird Korfu Ostrom zugewiesen.
1386-1797	Korfu wird endgültig venezianisch. Die Venezianer prägen die Insel nachhaltig.
1797	Napoleon bemächtigt sich Korfus und der übrigen ionischen Inseln.
1797/98	Die vereinigten Russen und Türken machen Napoleon die ionischen Inseln auf kurze Zeit streitig und errichten eine Sieben-Insel Republik.
1799-1814	Korfu ist wieder französisch.
1814-1864	Korfu ist britisch.
1859	27. Januar, Friedrich Wilhelm Viktor Albert, später Kaiser Wilhelm II., wird als erstes Kind des preußischen Kronprinzenpaares Friedrich Wilhelm von Preußen und Victoria von England in Berlin geboren.
1861	Kaiserin Elisabeth von Österreich (1837-1898) besucht erstmals Korfu. Sie residiert in der Villa „Monrepos" des englischen Hochkommissars Sir Henry Storkes. Bereits im Herbst desselben Jahres ist sie wieder auf Korfu.
seit 1864	Korfu gehört zum griechischen Staat.
1876	Korfu-Aufenthalt Kaiserin Elisabeths.
1887/1888	Korfu-Aufenthalt Elisabeths, die österreichische Kaiserin begeistert sich für Homer. Sie lebt in der Villa Vrailas.
15. Juni 1888	Wilhelm II. folgt seinem Vater nach nur 99-tägiger Herrschaft als Deutscher Kaiser und König von Preußen.
28. Januar 1889	Freitod des Kronprinzen Rudolf von Österreich und seiner Geliebten, der Gräfin Mary Vetsera im Schloß Mayerling bei Wien.
9. Nov. 1889	Erster Aufenthalt Wilhelm II. auf Korfu. Der deutsche Kaiser wird jedoch von der trauernden Kaiserin Elisabeth nicht empfangen.
1890-1893	Fertigstellung des Achilleions.
1898	Ermordung der Kaiserin Elisabeth von Österreich in Genf durch einen italienischen Anarchisten.
1901	Wilhelm II. übernimmt das Protektorat der Deutschen Orientgesellschaft, die sich der archäologischen Erforschung der altorientalischen Kulturen widmet.
1905	Zweiter Besuch Kaiser Wilhelms II. auf Korfu.
1907	Kaiser Wilhelm II. erwirbt das Achilleion von der Tochter der Kaiserin Elisabeth, Erzherzogin Gisela von Österreich, Prinzessin Leopold von Bayern. Der Kaiser ordnet Umbauarbeiten, die Errichtung des Kavalierhauses und die Neugestaltung des Gartens an.
1908	Erster Osteraufenthalt der kaiserlichen Familie vom 10. April bis zum 2. Mai. Der Bildhauer Johannes Götz besucht das Achilleion, um die Örtlichkeit kennenzulernen, wo die vom Kaiser bei ihm in Auftrag gegebene Kolossal-Statue des „Siegreichen Achilles" ihren Platz finden soll. Im Berliner Königlichen Schauspielhaus wird die vom Kaiser mitinszenierte Pantomime „Sardanapal" zur Aufführung gebracht, die für das archäologische Engagement Wilhelm II. wirbt.
1909	April, Aufenthalt der kaiserlichen Familie auf Korfu.
1910	Der geplante Aufenthalt der kaiserlichen Familie muß wegen innergriechischer Unruhen kurzfristig abgesagt werden. Anfang Oktober wird die Statue des „Siegreichen Achilles" im Park des Achilleions aufgestellt.

1911	April, Aufenthalt der kaiserlichen Familie auf Korfu. Der Kaiser ist an der Ausgrabung des Artemis-Tempels beteiligt. Der König von Griechenland überträgt ihm die Ausgrabungsleitung. Fund der Gorgo.
1912	April/Mai, Aufenthalt des Kaisers auf Korfu.

In der Nacht zum 15. April sinkt das britische Passagierschiff RMS Titanic südlich der großen Neufundlandbank. 1513 Menschen finden den Tod, unter ihnen der mit dem Kaiserpaar in Freundschaft verbundene Journalist William Thomas Stead (1849-1912), der sich auf dem Weg zu einer Friedenskonferenz in den USA befindet. Stead, der als britischer Journalist gegen den Burenkrieg 1899-1902 eintrat, hatte 1899 die erste Haager Friedenskonferenz maßgeblich mitgestaltet und war 1901 für den ersten Friedensnobelpreis nominiert worden, den dann Henri Dunant, der Gründer des Internationalen Roten Kreuzes, erhielt. 1910/1911 hatte sich Stead gegen die Aggressionspolitik Italiens in Nord-Afrika gewandt. Das große soziale und friedenspolitische Engagement hatte das Kaiserpaar und den britischen Journalisten einander nahe gebracht. Die bestürzte Kaiserin Auguste Victoria telegraphiert am 17. April 1912 von Bad Nauheim nach Korfu: „Sr. Majestät Corfu [...] die Katastrophe, der unglücklichen Titanic leider viel umfangreicher als zuerst angenommen der arme Mr. Stead wie es scheint auch mit verloren. Victoria." Erschüttert von der Titanic-Katastrophe dringt Wilhelm II. noch von Korfu aus auf eine Verbesserung der Sicherheitsstandarts innerhalb der internationalen Passagierschiffahrt.

1913	Im Königlichen Schauspielhaus in Berlin wird am 27. Januar anläßlich des 54. Geburtstages des Kaisers das Musikstück Kerkyra (Korfu) aufgeführt. Schauplatz ist der Gorgo-Tempel. Die Partitur basiert auf Fragmenten alter griechischer Musik. Das Libretto stammt von Joseph von Lauff.

Die Reise der kaiserlichen Familie nach Korfu muß wegen des 2. Balkankrieges, an dem auch Griechenland beteiligt ist, abgebrochen werden. König Georg I. von Griechenland fällt in Thessaloniki einem Attentat zum Opfer. Wilhelms Schwager Konstantin wird König von Griechenland. In München wird auf Anregung des Kaisers die Deutsch-Griechische Gesellschaft ins Leben gerufen.

1914	April/Mai. Letzter Aufenthalt der kaiserlichen Familie auf Korfu.
1916	Infolge des Ersten Weltkrieges besetzen französische Soldaten das Achilleion und entfernen die von Wilhelm II. verfaßte griechische Inschrift am Sockel der „Statue des siegreichen Achill"
1918	Am 10. November geht Wilhelm II. nach dem verlorenen Ersten Weltkrieg in niederländisches Exil.
1919	Im Vertrag von Versailles wird das Achilleion enteignet und dem griechischen Staat übereignet.
1924	Wilhelm II. veröffentlicht seine „Erinnerungen an Korfu".
1933	Wilhelm II. erhält einen Bericht des ehemaligen Verwalters des Achilleions Ferdinand Bontempo über die französisch-serbische Besetzung und Verheerung des Schlosses im Jahre 1916. Er antwortet Bontempo und kondoliert nach dessen Tod seiner Witwe.
1936	Wilhelm II. legt seine „Studien zur Gorgo" der Öffentlichkeit vor und widmet die Veröffentlichung seinem 1888 verstorbenen Vater „Dem Andenken meines verewigten Vaters Kaiser Friedrich III. des Schirmherren der Königlichen Museen und Kunstsammlungen, des Förderers der Ausgrabungen von Olympia". Diese Publikation im Jahr der Berliner Olympiade, in dem zur Täuschung, der in Berlin versammelten Weltöffentlichkeit auf kurze Zeit sogar wieder Bücher der von den Nazis ins Exil geflohenen Autoren in Deutschland zu erwerben sind. Die Widmung für seinen von den Nationalsozialisten als Liberalen verfemten Vater, mag man als Stellungnahme des Kaisers verstehen, mit der er eine der wenigen Möglichkeiten sieht, gegen die Nationalsozialisten Position zu beziehen.
1941	4. Juni, Kaiser Wilhelm II. stirbt in seinem Exil Huis Doorn in den Niederlanden.

Anmerkungen zu den Beiträgen
auf den Seiten 8-70

1 Der Beitrag wurde von Nicolaus Sombart anläßlich der Soirée am 27. November 2002 im Bundesinstitut für die Kultur und Geschichte der Deutschen im östlichen Europa verfaßt.
2 Nicolaus Sombart, Wilhelm II. – Sündenbock und Herr der Mitte, Berlin 1996
3 Kaiser Wilhelm II.: Erinnerungen an Korfu, Berlin 1924, S. 144.
4 Zu Korfu vgl. Therese Kracht: Korfu und das Achilleion. Erlebtes und Erlauschtes, Berlin 1907.
5 Wilhelm II. reiste vom 17. bis 22. Oktober 1889 nach Italien, wo er in Monza von König Umberto von Italien empfangen wurde. Am 22. Oktober fuhr er mit Gefolge von Genua nach Athen. Den Anlaß für die Griechenlandreise bot die Hochzeit seiner Schwester Sophie mit dem Kronprinzen Konstantin von Griechenland. Am 2. November stattete der Kaiser dem Sultan in Konstantinopel einen Besuch ab. Am 9. November 1889 sandte er dem Fürsten Bismarck aus Korfu folgendes Telegramm: „Vorzügliche Fahrt von Stambul bis hierher. Wetter prachtvoll. Klarheit gestern so stark, daß sämtliche drei Spitzen und zwischenliegendes Festland des Peleponnes auf einmal zu übersehen, was sonst noch nie vorgekommen." Zur Mittelmeerreise 1889 vgl. E. Schröder: Zwanzig Jahre Regierungszeit. Ein Tagebuch Kaiser Wilhelms II. Vom Antritt seiner Regierung 15. Juni 1888 bis zum 15. Juni 1908 nach Hof- und anderen Berichten, Berlin 1909, S. 37-39.
6 Nicolaus Sombart: Wilhelm II. – Sündenbock und Herr der Mitte, Berlin 1996, S. 42/43.
7 Robert Graf von Zedlitz-Trützschler: Zwölf Jahre am deutschen Kaiserhof, Berlin/Leipzig 1924, S. 239/240. Die Korfu-Reise wurde 1910 wegen innergriechischer Unruhen aufgegeben. ebenda: S. 242.
8 Wilhelm II. hielt sich auf seiner Mittelmeerreise im Jahre 1905 vom 11. bis zum 13. April auf Korfu auf. Am 12. April besuchte er in Begleitung von König Georg I. von Griechenland das Achilleion. Der griechische König führte den Kaiser durch das Achilleion. Vgl. E. Schröder: Zwanzig Jahre Regierungszeit, Berlin 1909, S. 138.
9 Nicolaus Sombart: Wilhelm II. – Sündenbock und Herr der Mitte, Berlin 1996, S. 42/43.
10 Zur Doorner-Arbeitsgemeinschaft vgl. Hans Wilderotter: Zur politischen Mythologie des Exils, in: Hans Wilderotter und Klaus-D. Pohl (Hrsg.): Der letzte Kaiser im Exil, Gütersloh/München 1991, S. 131-142.
11 Vgl. Therese Kracht: Korfu und das Achilleion, Berlin 1908, S. 102-121. Der Thieme-Becker gibt die Jahre 1892-1893 als Erbauungsjahre des Achilleions an. Die auf Korfu veröffentlichten Museumsführer für das Achilleion nennen die Jahre 1890-1892 als Baudaten. Nach einer datierten Photographie müssen die Bauarbeiten 1891 beendet gewesen sein. Die Innenausstattung wurde 1893 vollendet. Die Kaiserin Elisabeth von Österreich hatte 1888 den Ort Gastouri, etwa 10 km von Korfu-Stadt entfernt, kennengelernt. 1888 erwarb sie die Villa Vraila-Armenis. „In kürzester Zeit ließ Elisabeth die Villa abreißen und an ihrer Stelle ein klassizistisches Palais errichten, nach den Weisungen des österreichischen Konsuls auf Korfu, Alexander Baron von Warsberg, mit dem sie früher einmal versucht hatte, die Routen des Odysseus nachzufahren. Dessen Traum war es, für seine Kaiserin einen Palast wie den des Alkinoos (mythischer König der Phäaken, als deren Heimat man seit der Antike Korfu ansah) zu errichten, dessen Gärten Statuen von Helden der griechischen Mythologie und seltene Pflanzen schmücken sollten, unter denen Elisabeth ihre Traurigkeit vergessen und ihre Ruhe finden konnte. Aber noch im gleichen Jahr starb von Warsberg, und die Bauaufsicht wurde einem ehemaligen Offizier der Jacht „Miramare", Baron August Bukovich, übertragen. Dieser holte sich den neapolitanischen Architekten Raffaele Carito, der die Villa in ein Palais nach dem Vorbild der Wiener Schlösser umwandelte. Die Bauarbeiten waren 1891 beendet. Elisabeth übernahm selbst die Dekoration nach eigenen Vorstellungen, doch auch unter dem Einfluß von Christomanos, der der Griechisch-Lehrer der Kaiserin gewesen ist. Das klasssizistische Gebäude ist hauptsächlich im pompejanischen Stil errichtet, doch finden sich daneben ionische, äolische und romanische Elemente. Während ihres Aufenthaltes im Schloß wollte sie von antiken Gottheiten und Helden der homerischien Epen umgeben sein: Daher ließ sie dieses mit Darstellungen und Gegenständen ausschmücken, deren Themen der griechischen Mythologie und Geschichte entnommen sind. Die Skulpturen mit antiker Thematik sind größtenteils Repliken von Funden aus Pompeji und Kampanien. Der Name „Achillion" wurde von der Kaiserin wegen ihrer Verehrung für Achilles, den König der Myrmidonen und zentralen Helden des Trojanischen Kriegs (wie er in der „Ilias" geschildert wird), gewählt: Er symbolisierte für sie Stärke und

Schönheit zugleich. Im Schloß ließ sie überall einen Delphin und eine Krone als Embleme anbringen. Auf allen noch erhaltenen Türen tragen die Schlösser diese Zeichen. Auch ehemals aus dem Achillion stammende Gegenstände lassen sich so identifizieren. Nach der Fertigstellung hielt sich Elisabeth zweimal jährlich im Achillion auf, im Frühjahr und gegen Ende des Sommers, wenn es nicht mehr allzu heiß ist. Während einer ihrer Reisen mit der Jacht ‚Greif' im Jahre 1891 führte sie Christomanos, der sie damals begleitete, durch das eben fertiggestellte Schloß und unternahm mit ihm ausgedehnte Wanderungen: Außer Pontikonissi, das sie als Böcklins ‚Toteninsel' bezeichnete, besichtigte sie das Haus von Kapodistrias, dem ersten Regierungschef des befreiten Griechenland (in Evropouli), das Kloster in Paleokastritsa, die Bucht von Ermones: überall begegneten ihr die Bewohner der Insel mit großer Verehrung. Auch die offizielle Ehrung ihrer Person blieb nicht aus: der Stadtrat von Kerkyra (unter Bürgermeister Michail Theotoikis) beschloß im Jahre 1888, die „Phäaken-Straße" (an der Bucht von Garitsa) in ‚Kaiserin-Elisabeth-Boulevard' (heute: Leoforos Dimokratias) umzubenennen." Diese Darstellung der Baugeschichte bietet John Palogiannidis: Achillion Korfu – Eine Führung durch Kaiserin 'Sissis' Palast auf der Insel der Phäaken, Korfu 1996, S. 19-20.

12 Kaiser Wilhelm II.: Erinnerungen an Korfu, Berlin 1924, S. 7
13 Zu Ernst Ziller (1837-1923) vgl. Hans Hermann Russack: Deutsche bauen in Athen, Berlin 1942. Schüler von Th. Hansen in Wien. Beschickte die Berl. Akad.-Ausst. 1856 von Potsdam aus mit d. Entwurf zu e. gotischen Dom (Verz. usw. 1856 p. 82). 1862 in Rom. Später in Athen mit zeichner. Aufnahmen des Dionysos-Theaters beschäftigt. Leitete 1868ff. für Hansen den Bau der Akad. der Wissenschaften ebda. Erhielt 1882 den Bau des neuen Museums in Olympia übertragen. – Ein ält. Architekt Ziller in Ptsdam stellte 1828 in d. Berl. Akad. d. Entwurf zu e. Kirche auf d. Bassin-Platz in Potsd. aus (Verz. … 1828 p. 112). Lit.: Seubert, Allg. Kstlerlex., 3 (1879). – Zeitschr. f. bild. Kst, 3 (1868) 190; 10 (1875) 110; 17 (1882) 665. – Mittlg F. Noack (†). Hermann Ziller (1848-1915) ist aller Wahrscheinlichkeit nach der jüngere Bruder von Ernst Ziller. 1868/71 Schüler der Berl. Bauakad. u. R. Lucaes, bis 1874 Chef des Ateliers Lucae, als welcher er sich an den Vorarbeiten für d. Frankfurter Opernhaus u. die Techn. Hochschule in Charlottenburg beteiligte. 1872 Schinkel-Preis u. Schinkel-Medaille. 1874/75 in Italien. Entwürfe zum Ausbau u. zur Freilegung des Berl. Schlosses, zum Umbau der Vorräume des Schauspielhauses, zum Nationaldenkmal für Kaiser Wilhelm (Ruhmeshalle vor d. Brandenb. Tor), usw. – Buchwerk: Schinkel (Kstler-Monogr., Bd. 28), Bielefeld u. Lpzg 1897. Lit.: Das geist. Deutschland, 1898, I. – Das geist. Berlin, 1897, I 587. – Zentralbl. d. Bauverwaltg, 35 (1915) 524 (Nachruf, *1843!). – Denkmalpflege, 24 (1922) 56. – Monatsh. f. Baukst u. Städtebau, 18 (1934) 438/40. – Mitt. d. Ver. f. d. Gesch. Potsdams, N. F. 6, Heft 5 (1932) p. 466; N. F. 7, H. 12 (1939) p. 368/71, 404/07. – Kat. d. Berl. Akad.-Ausst.: 1877 p. 85; 1878 p. 100; 1881 p. 194; 1883 p. 164; 1886 p. 158.
Die Mitwirkung von Hermann Ziller an Planung und Errichtung des Kavalierhauses neben dem Achilleion ist bislang noch nicht zweifelsfrei nachgewiesen. Da er jedoch wiederholt für Kaiser Wilhelm II. tätig geworden ist (Nationaldenkmal für Kaiser Wilhelm-Wettbewerb, Entwürfe zum Ausbau und zur Freilegung des Berliner Schlosses) ist die Mitwirkung von Hermann Ziller mehr als wahrscheinlich. Ernst Ziller erhielt vom Kaiser für den Entwurf des Kavalierhauses und seiner Bauleitung den Roten Adlerorden IV. Klasse.
14 Hermann Ziller: Schinkel, Bielefeld und Leipzig 1899. Vgl. Paul Mebes: Um 1800 – Architektur und Handwerk im letzten Jahrhundert ihrer traditionellen Entwicklung, München, 1912¹, 1918², 1920³.
15 Staatliche Schlösser und Gärten Berlin (Hg.): Kaiserlicher Kunstbesitz aus dem holländischen Exil Haus Doorn, Berlin 1991, S. 257-260.
16 Im Musen-Peristyl wurden die reiche Dekoration der Decke und die Wandfresken entfernt. Letztere mußten weichen, da Wilhelm II. zur besseren Ausleuchtung der anschließenden Innenräume und vor allen Dingen, weil er das Peristyl und Innenräume miteinander verbinden wollte, große Terrassentüren einbauen ließ. Die behutsamen Umbaumaßnahmen wurden von Ernst Ziller geleitet. Den Sterbenden Achill von Ernst Herter ließ der Kaiser versetzen, während an seinem früheren Standort die Kolossalstatue des „Siegreichen Achill" von Johannes Götz aufgestellt wurde. Wilhelms Hauptaugenmerk war jedoch auf die Gestaltung des Gartens gerichtet. Dem Geschmack der Zeit folgend ließ er exotische Bäume und Stauden einführen, von denen sich viele bis heute erhalten haben. Zur Gestaltung der Gartenanlagen vgl. Kaiser Wilhelm II.: Erinnerungen an Korfu, Berlin 1924, S. 19-32.
17 Kaiser Wilhelm II.: Erinnerungen an Korfu, Berlin 1924, S. 19.

18 Therese Kracht: Korfu und das Achilleion, Berlin 1908, S. 6-8.
19 Therese Kracht: Korfu und das Achilleion, Berlin 1908, S. 105, S. 112/113.
20 Kaiser Wilhelm II: Erinnerungen an Korfu, Berlin 1924, S. 11.
21 Kaiser Wilhelm II: Erinnerungen an Korfu, Berlin 1924, S. 16.
22 Golo Mann: Wilhelm II., München, Bern, Wien 1964, S.
23 Kaiser Wilhelm II: Erinnerungen an Korfu, Berlin 1924, S. 27.
24 zitiert nach: M. Toumbis Verlag (Hg.) Achilleion Korfu. Eine Führung durch Kaiserin „Sissis" Palast auf der Insel der Phäaken, Korfu 1996, S. 75.
25 Kaiser Wilhelm II: Erinnerungen an Korfu, Berlin 1924, S. 31/32.
26 Kaiser Wilhelm II.: Studien zur Gorgo, Berlin 1936. Die Veröffentlichung widmete der Autor seinem 1888 verstorbenen Vater Kaiser Friedrich III. „Dem Andenken meines verewigten Vaters Kaiser Friedrich III. des Schirmherrn der Königlichen Museen und Kunstsammlungen, des Förderers der Ausgrabungen von Olympia." Mit dieser Widmung erinnerte Wilhelm II. an das große archäologische Engagement seiner Eltern. Kronprinz Friedrich Wilhelm von Preußen, der spätere Kaiser Friedrich III. war Schüler des Altertumsforschers Ernst Curtius (1814-1896) und Kronprinzessin Victoria, die spätere Kaiserin Friedrich (1840-1901) war archäologisch gebildet.
27 Sebastian Haffner: Preußische Profile, S. 213.
28 Kaiser Wilhelm II.: Erinnerungen an Korfu, Berlin 1924, S. 78/79.
29 Kaiser Wilhelm II.: Erinnerungen an Korfu, Berlin 1924, S. 93.
30 Walter Goetz: Briefe Wilhelms II. an den Zaren 1894-1914. Herausgegeben und eingeleitet von Walter Goetz. Übersetzung aus dem Englischen von Max Theodor Behrmann, Berlin 1920, S. 264/265. Englischer Originaltext S. 407/408.
31 Kaiser Wilhelm II.: Erinnerungen an Korfu, Berlin 1924, S. 28.
32 Kaiser Wilhelm II.: Erinnerungen an Korfu, Berlin 1924, S. 55-64 u. 72.
33 Kaiser Wilhelm II.: Erinnerungen an Korfu, Berlin 1924, S. 140-142.
34 Ferdinand Bontempo, Kastellan des Achilleions, war Deckoffizier auf der Yacht „Miramare" der Kaiserin Elisabeth von Österreich gewesen, die er auf ihren Mittelmeerfahrten begleitete. Bontempo stammte aus dem bis 1919 österreichischen Triest und starb 1933 in Alexandrien/Ägypten. Nach Kaiser Wilhelms „Erinnerungen an Korfu" war er zugegen, als die Kaiserin von Österreich den Platz bestimmte, an welchem das Achilleion gebaut werden sollte. (Vgl. Wilhelm II.: Erinnerungen an Korfu, Berlin 1924, S. 7). Bontempo erlebte die Besetzung des Achilleions durch französisch-serbische Truppen 1916.
35 „Vater Schulz" war Leibjäger und Kammerdiener Kaiser Friedrich III., den er während seiner schweren Kehlkopfkrebserkrankung und bis zu dessen Tode am 15. Juni 1888 aufopferungsvoll pflegte. Kaiser Wilhelm II. übernahm diesen bewährten Diener aus den Diensten seines verstorbenen Vaters. Vater Schulz folgte dem Kaiser ins holländische Exil.
36 Die Berliner Garnisonkirche wurde 1722 eingeweiht. 1899 und 1900 wurde die Garnisonkirche im Inneren umgebaut. Die festliche Wiedereinweihung fand am 23. Dezember 1900 statt. In der Nacht vom 13. zum 14. April 1908 brannte die Garnisonkirche nieder. Der Kaiser, der auf Korfu weilte und in dessen Begleitung sich auch der Garnisonspfarrer Goens befand, wurde telegraphisch benachrichtigt. Den Wiederaufbau der alten Garnisonkirche ordnete der Kaiser noch von Korfu aus an. Die feierliche Wiedereinweihung fand am 29. August 1909 statt. Kaiser Wilhelm II. ließ zu diesem Anlaß eine Medaille aus der Bronze der zerstörten Kronleuchter der Kirche prägen. Die Vorderseite zeigt den Kaiser in Ritterrüstung als Adoranten vor der wiedererrichteten Garnisonkirche kniend. Vgl. Werner Schwipps: Die Garnisonkirchen von Berlin und Potsdam, Berlin 1964, S. 35-40.
37 Schlacht zwischen Rußland und Japan in der Bucht von Liaojang vom 29.8. bis 3.9.1904.

Anmerkungen zu den Beiträgen
auf den Seiten 71-88

1 Adolf von Achenbach u.a. (Hgg.): Unser Kaiser – Fünfundzwanzig Jahre der Regierung Kaiser Wilhelms II. 1888-1913, Berlin, Leipzig, Stuttgart, Wien 1913, S. 417-419. Es handelt sich bei dem hier zitierten Text mit ziemlicher Sicherheit um den Aufsatz „Des Kaisers Tusculum", der 1912 in der Zeitung „Tag" in Berlin veröffentlicht wurde. Wilhlem II. schreibt in seinen „Erinnerungen an Korfu" dazu: „Eine wunderschöne Schilderung des Achilleions selbst, des dasselbe zauberhaft umwehenden Geistes, auch dessen, was ich dort suchte, fühlte und erlebte, und dessen, was es mir war, ist in der Osterzeit von 1912 unter dem Titel „Des Kaisers Tusculum" von Herrn von Kupfer geschrieben und im „Tag" zu Berlin veröffentlich worden. Es kann etwas Besseres, Schöneres, Poesievolleres nicht geschrieben werden. Daher wird hier darauf hingewiesen." Aus: Kaiser Wihlem II.: Erinnerungen an Korfu, Berlin 1924, S. 11.

2 In Kadinen in Westpreußen besaß Wilhelm II. seit 1898 ein Mustergut, dem ein Majolika-Manufaktur angeschlossen war, in der Majolika und Terracotta für den Handel angefertigt wurde. Ein großer glasierter Krater mit Darstellungen der Odyssee befindet sich im Speisezimmer des kaiserlichen Exilsitzes Huis Doorn/NL. Diese in Kadinen gefertigte Bodenvase wurde vermutlich nach einem Entwurf des Kaisers 1914 für das Achilleion gefertigt, gelangte aber nicht mehr dorthin. In Kadinen hielt sich die kaiserliche Familie gerne einige Wochen im Frühsommer auf.

3 Park und Schloß Wilhelmshöhe bei Kassel wurden ab 1701 und dann von 1787-1798 geschaffen. Ehemals stand hier das in der ersten Hälfte des 12. Jahrh. gestiftete Augustinerkloster W e i ß e n s t e i n , welches 1527 säkularisiert wurde. Mit Benutzung der hier durch die Natur so reichlich gebotenen Mittel ließ Landgraf Karl 1701 durch den italienischen Baumeister Guernieri die Anlage der noch bestehenden Bauten beginnen. Zuerst entstand auf der Höhe des Karlsberges das Riesenschloß (Oktogon), ein achteckiger Bau, aus drei übereinander gebauten, 91 m im Durchmesser haltenden Bogengewölben, auf dessen Plattform auf einer 31 m hohen Pyramide die aus Kupfer getriebene, 10 m hohe Nachbildung des Farnesischen Herkules (im Volksmund der „große Christoph") steht. Auf Treppen und Leitern steigt man bis in die Keule, in welcher fünf Personen Platz haben. Von dem Oktogon führen 12,5 m breite, 283 m lange, von 47 zu 47 m durch Bassins unterbrochene, auf beiden Seiten von Treppen zu je 842 Stufen begleitete Kaskaden zwischen hohen Tannenwänden nach unten. Nach Beendigung des Siebenjährigen Krieges baute Landgraf Friedrich II. das halbzerstörte Schlößchen Weißenstein wieder auf und ließ Eremitagen, Grotten, Tempel und Weiher überall im Walde entstehen. Auch das im chinesischen Geschmack projektierte Dörfchen Moulang und die große, 58 m hohe Fontäne verdanken ihm ihre Entstehung. Sein Sohn Wilhelm IX. (später Kurfürst Wilhelm I.) vervollständigte mit Hilfe der Baumeister du Ry und Jussow die Anlagen und baute nach Niederlegung des alten Lustschlosses Weißenstein das jetzige Palais, welches seine und seiner Nachfolger Sommerresidenz wurde. Der Steinhöfersche Wasserfall, die Teufelsbrücke u. der Aquädukt mit dem großen Wasserfall, welche die Zwischenglieder der Wasserkünste zwischen den Kaskaden und der großen Fontäne bilden, sowie die Löwenburg sind seine Schöpfungen; die letztere, eine Ritterburg alten Stiles mit allem Zubehör, birgt auch die irdischen Reste Wilhelms I. Seit jener Zeit führt der Weißenstein den Namen W i l h e l m s h ö h e . Ihre Vollendung erhielten die Anlagen unter Wilhelm II., welcher namentlich den „neuen Wasserfall" mit seinen prächtigen Kaskaden anlegen ließ. Die berühmten Wasserkünste springen während des Sommerhalbjahrs vom Himmelfahrtstag an bis zum Oktober regelmäßig jeden Mittwoch und Sonntag je eine Stunde. Das Wasser liefert ein im Oktogon befindliches großes Sammelbassin. Nach der Kapitulation von Sedan (2. Sept. 1870) diente das Schloß dem gefangenen Kaiser Napoleon III. bis 3. April 1871 als Aufenthaltsort. Gegenwärtig bildet W. einen Gutsbezirk mit zahlreichen Villen und Pensionshäusern, hat eine elektrohydrotherapeutische und eine Kaltwasserheilanstalt und mit der Garnison (eine Schwadron Husaren Nr. 14) 170 Einw. Val. Wapler. Geschichte der W. (Kassel 1870).

Aus: Meyers Konversationslexikon, Leipzig und Wien 1897, Bd. 17, S. 771/772 Kaiser Wilhelm II. der in Kassel das Gymnasium besucht hatte, machte Schloß Wilhelmshöhe zu seiner Residenz und verbrachte hier mit seiner Familie stets einige Wochen im Sommer.

4 In den Wohnräumen des Kaisers im Schloß Achilleion befanden sich Reproduktionen der Odyssee-

landschaften von Friedrich Preller (1804-1878) Der Zyklus entstand ab 1854 und wurde wiederholt überarbeitet. Für das Weimarer Museum schuf Preller 1863 bis 1864 den Odysseezyklus in Wachsfarben. Der Zyklus war sehr populär und wurde im Holzstich und photographischen Reproduktionen verbreitet. Korfu galt vom 19. Jahrhundert als, die nördlich von Ithaka gelegene Insel Scheria, die bereits in der Antike mit Korfu identifiziert wurde. Die Bewohner der Insel Scheria, die Phäaken schildert Homer als ein von den Göttern geliebtes und mit allen Gütern des Lebens gesegnetes, heiteres und genußliebendes Völkchen. Odysseus fand bei ihnen gastliche Aufnahme.

Nausikaa, in der griech. Sage Tochter des Phäakenkönigs Alkinoos, fand am Ufer den schiffbrüchigen Odysseus und führte ihn in das Haus ihres Vaters; nach späterer Sage wurde sie die Gemahlin des Telemach. Ihr Verhältnis zu Odysseus bot der Poesie dankbaren Stoff dar; unter andern hat Sophokles es behandelt, Goethe hat ein Fragment gleichen Inhalts hinterlassen, und Geibel eine Ballade danach gestaltet.

An Homer und die Odyssee erinnerten im Achilleion u.s. das Wandbild des „Siegreichen Achill" von Franz von Matsch, sowie eine Bronzebüste des Homer im Schlafzimmer des Kaisers. Die Marmorskulptur des „Sterbenden Achill" von Ernst Hertes sowie die kolossche Bronzeplastik des „Siegreichen Achill" von Johannes Götz.

5 Das große Gemälde des „Triumphierende Achill" im Treppenhaus des Achilleions wurde 1892 von dem Wiener Maler und Bildhauer Franz von Matsch geschaffen.

Matsch, F r a n z   v o n , Maler u. Bildhauer in Wien, *16.9.1861 ebda. Studierte zus. mit Ernst u. Gustav Klimt bei Ferd. Laufberger, der seine 3 Schüler zur Ausführung seiner Sgrattiti in d. beiden Höfen des Kunsthistorischen Museums heranzog. Leitete 1893/1901 die Fachklasse für Malerei an der Wiener Kunstgewerbeschule. Erhielt 1912 den erbl. Adel.

Hauptwerke: Dekor, Arbeiten, gemeins. mit E. u. A. Klimt, s. im Art. G. Klimt. Bilder für das rumän. Königsschloß Pelesch in Sinaia. Deckengem. „Der Frühling" im Salon der Lainzer Villa der Kaiserin Elisabeth (1883). Deckenfresken im Wiener Hofburgtheater: Antiker Improvisator, Griech. Theater, Mittelalterl. Mysterienspiel u. Giebelbild: Appollokult. Ausschmückung der Universitätsaula (Entwurf 1890 angenommen); Mittelbild: Sieg des Lichtes über die Finsternis. Gem. (8 m): Der triumphierende Achilles, für Schloß Achilleion auf Korfa (1892). Ausschmückung des „Zimmers der Musen" im Wiener Palais Nikolaus Dumba: Malereien auf Marmor u. Wandbrunnen (1900). Hubertusrelief für Arthur Krupp (1902). Jagddenkmal b. Mariazell (Steierm.) für Graf Morzin (1902). Huldigungsadresse der Stadt Wien für Kaiser Franz Josef I. (1908). Gemälde: „Die Gratulation der deutschen Bundesfürsten bei Kaiser Franz Josef in Schönbrunn 7.5.1908" u. Aquarell: Inneres des alten Burgtheaters, im Mus. der Stadt Wien. Entwurf zu einer Kunstuhr am Hohen Markt in Wien (1914). Zahlreiche Porträts von Mitgliedern der Wiener Gesellschaft (Charlotte Wolter, 1890, im Burgtheater), Landschaften u. Stilleben. Seine Villa auf der Hohen Warte erbaute M. 1896 nach eigenen Plänen.

Lit.: K o s e l , Dtsch.-österr. Kstler- u. Schriftsteller-Lex, I (1902) 84 f. – L. H e v e s i , Österr. Kst, 1903; ders., Altkunst – Neukunst, 1909. – B. Z u c k e r k a n d l , Zeitkunst Wien 1901-07, 1908 p. 87. – G e r l a c h , Allegorien u. Embleme, Wien 1882, Taf. 5, 38, 71, 71a, 121. – A. I l g , Zwickelbilder im Stiegenhause des Kunsthist. Hofmus. Wien, 1893. – Die Theater Wiens, III (1894) 89 f., 93 f., m. Abbn. – Figurale Compositionen f. die maler. Ausschmückung v. Decken, Wänden, Zwickeln ... 2. Serie, Wien 1898, Taf. 40a, 41a, 43a. – Die Kunstuhr des Anker in Wien. Erdacht u. ausgef. von Fr. v. M., Wien 1915, m. Abbn. – Die Kst. f. Alle, IV (1888/89) 37 u. 42 (Abb.). – Die Kst, I (= Kst f. Alle XV) 1900 p. 368; XVII (= Kst f. Alle 23), 1909 p. 265/79 (A. L e i t i c h), m. 1 farb. Taf. u. Abbn bis p. 287. – Ztschr. f. bild. Kst, N. F. I (1890) 54; III 102; V 245; VI 122. – Kstchron., XIX (1883) 40; N. F. IV (1893) 528; V 30, 214; VI 125, 260; XXI (1910) 77. – Der Architekt, XIII (1907) Taf. 102. – Kst u. Ksthandwerk, IV (1901) 317, 551; XXI (1918) 349. – Cicerone, IV (1912) 360. – N. Freie Presse (Wien) Nr 15 554 v. 9.12.1907. – G u g l i a , Wien, 1908. – P a u l , Techn. Führer durch Wien, 1910. – Österr. Ksttopogr., II (1908) 415 ff.

H. Ankwicz.

C. Thieme-Becker, Bd. 24, S. 250

6 Der Bronzekopf Homers befand sich zeitweilig auch im Schlafzimmer des Kaisers, wie auf einer Photographie zu sehen ist. Im Ensemble mit farbigen Reproduktionen der Gemälde Arnold Böcklins (1827-1901), „Heiliger Hain" und „Villa am Meer" sowie den Odysseelandschaften Friedrich Prellers wurde eine mythische Stimmung inszeniert.

7 Georg Friedrich (es dürfte sich um den Maler Woldemar Friedrich handeln, der 1886 an die Berliner Kunstakademie berufen wurde. Er galt als der glänzenste Monumentalmaler seiner Zeit.), Kaiser Wilhelm II. schätzte die antiken Szenen des englisch-niederländischen Malers Sir Lawrence Alma-Tadema (1836-1912), der mit dem Direktor der Berliner Kunstakademie Anton von Werner (1843-1915) befreundet war. Sir Lawrence Alma-Tadema wurde von Prinz Wilhelm von Preußen von 1888 wiederholt in seinem Londoner Atelier besucht. In seinen Memoiren erinnerte sich der Kaiser 1927: „Auch einige Malerateliers habe ich besichtigt, vor allem das Atelier Alma-Tademas, der den Adel und die harmonische Schönheit der griechischen Antike trefflich wiederzugeben verstand." Wilhelm II.: Aus meinem Leben, Berlin/Leipzig 1927, S. 251/252. Für die Neueinrichtung des Achilleion gab der Kaiser als stilistische Richtlinie für das Mobiliar „etwa römische Kaiserzeit" an (Kaiser Wilhelm II.: Erinnerungen an Korfu, Berlin 1924, S. 11)
   Das Gemälde von Georg Friedrich (Woldemar), „Salve Imperator" dürfte an die Gemälde Alma-Tademas erinnert haben. Die von Georg Friedrich gemalte Szene zeigte einen römischen Imperator und seine Frau. Die Darstellung von Kaiser und Kaiserin mit Gefolge dürfte Wilhelm II. bewußt ausgewählt oder in Auftrag gegeben haben. Sie ließ sich auf die Situation von Korfu übertragen, wo er mit seiner Gemahlin Kaiserin Auguste Victoria gemeinsam residierte. Wilhelm II. sah sich in der Nachfolge der Kaiser des Heiligen Römischen Reiches und somit auch in einer Reihe mit den Römischen Imperatoren, was er durch die Präsentation des Gemäldes „Salve Imperator" von Georg (Woldemar) Friedrich im Rauchzimmer des Achilleions deutlich macht. 1898 schreib der Kaiser an seine Mutter Kaiser Friedrich: „ ... Und ich habe es erkannt, in einem ist Papas Anschauung von der Fortsetzung des alten Reichs durch das neue richtig; das hat er immer gesagt, und dasselbe tue ich! Für immer und ewig gibt es nur einen wirklichen Kaiser in der Welt, und das ist der Deutsche Kaiser, ohne Ansehen seiner Person und seiner Eigenschaften, einzig durch das Recht einer tausendjährigen Tradition ... „. Zitiert nach: Bernhard Fürst von Bülow: Denkwürdigkeiten. Herausgegeben von Franz von Stockhammern. Bd. 1: Vom Staatssekretariat bis zur Marockokrise, Berlin 1930, Anhang ohne Paginierung. Englischer Originaltext, ebda., S. 237.
8 1911 wurden unweit des Schlosses Monrepos die Reste eines Artemis-Tempels ausgegraben. Der Kaiser hat sich bis zu seinem letzten Korfu-Aufenthalt 1914 intensiv der Archäologie gewidmet.
9 Das Kavalierhaus wurde 1907/1908 nach Plänen Ernst Ziller (1837-1923) errichtet. Ziller der als 24-jähriger 1861 nach Athen kam, hat in Athen das Haus des Archäologen Heinrich Schliemann, die Gebäude des Deutschen und Österreichischen Archäologischen Instituts, das Königliche Schloß, das Nationaltheater und die Hauptpost gebaut. Vgl. Ministry of Culture and Sciences (Hg.): Ernst Ziller, Athen 1973. Da Ernst Ziller auch einen Projektentwurf für das Archäologische Museum in Olympia beteiligt gewesen ist, liegt die Vermutung nahe, daß der Vater Wilhelm II., Kaiser Friedrich III., der die Ausgrabungen in Olympia maßgeblich gefördert hat, bereits auf Ernst Ziller aufmerksam geworden war. Die 1936 erschienenen „Studien zur Gorgo" widmete Wilhelm II. „Dem Andenken meines verewigten Vaters Kaiser Friedrich III. des Schirmherrn der Königlichen Museen und Kunstsammlungen, des Förderers der Ausgrabungen von Olympia."
10 Hans Schöningen, Kaiser Wilhelm II. und seine Zeit in Wort und Bild, Hamburg (O.J.), 1913, S. 158-167.

Anmerkungen und Literatur zu den Beiträgen auf den Seiten 89-103

Literatur

Emil, Ludwig: Wilhelm II., Berlin 1925
Feustel, Jan: Backsteingotik wider das Böse. Die Kirchen der Kaiserin Auguste Viktoria. In: Die Mark Brandenburg. Zeitschrift für die Mark und das Land Brandenburg. Heft 51: Die Königinnen Sophie Charlotte, Sophie Dorothea, Elisabeth Christine, Luise, Auguste Viktoria und ihre Bauten, Berlin 2003, S. 34-41

Keller, Mathilde von: Vierzig Jahre im Dienst der Kaiserin, Leipzig 1935
Krockow, Christian von: Kaiser Wilhelm II. und seine Zeit. Biographie einer Epoche, Berlin 1999
Röhl, John C. G.: Wilhelm II. Die Jugend des Kaisers 1859-1888, München 1993
Röhl, John C. G.: Wilhelm II. Der Aufbau der persönlichen Monarchie 1888-1900, München 2001
Viktoria Luise: Deutschlands letzte Kaiserin, Göttingen 1971
Viktoria Luise: Ein Leben als Tochter des Kaisers, Göttingen 1965

1. Viktoria Luise: Deutschlands letzte Kaiserin. Göttingen 1971, S. 34.
2. Vgl. Röhl, John C.G.: Wilhelm II. Die Jugend des Kaisers 1859-1888. München 1993, S. 339.
3. Vgl. Röhl, wie Anm. 2, S. 348ff.
4. Röhl, wie Anm. 2, S. 357.
5. Vgl. Röhl, wie Anm. 2, S. 352.
6. Keller, Mathilde von: Vierzig Jahre im Dienst der Kaiserin, Leipzig 1935, S. 27.
7. Viktoria Luise, wie Anm. 1, S. 110.
8. Viktoria Luise, wie Anm. 1, S. 84.
9. Vgl. Röhl, wie Anm. 2, S. 376ff.
10. Viktoria Luise, wie Anm. 1, S. 149.
11. Krockow, Christian von: Kaiser Wilhelm II. und seine Zeit. Biographie einer Epoche, Berlin 1999, S. 112.
12. Feustel, S. 36
13. Ludwig, Emil: Wilhelm II., Berlin 1925, S. 25.
14. Röhl, John C. G.: Wilhelm II. Der Aufbau der persönlichen Monarchie 1888-1900, München 2001, S. 698
15. Röhl, wie Anm. 2,
16. Viktoria Luise, wie Anm. 1, S. 125.
17. Feustel, Jan: Backsteingotik wider das Böse. Die Kirchen der Kaiserin Auguste Viktoria. In: Die Mark Brandenburg. Zeitschrift für die Mark und das Land Brandenburg. Heft 51: Die Königinnen Sophie Charlotte, Sophie Dorothea, Elisabeth Christine, Luise, Auguste Viktoria und ihre Bauten, Berlin 2003, S. 34-41, S. 37
18. Keller, wie Anm. 5, S. 209.
19. Keller, wie Anm. 5, S. 305.
20. Feustel, wie Anm. 14, S. 34.
21. Feustel, wie Anm. 14, S. 37.
22. Feustel, wie Anm. 14, S. 38.
23. Keller, wie Anm. 5, S. 121
24. Viktoria Luise: Ein Leben als Tochter des Kaisers, Göttingen 1965, S. 52
25. Viktoria Luise, wie Anm. 21, S. 52.
26. Keller, wie Anm. 5, S. 324.
27. Keller, wie Anm. 5, S. 359
28. Keller, wie Anm. 5, S. 284.
29. Röhl, wie Anm. 2, S. 463.

Anmerkungen zu den Beiträgen auf den Seiten 103-117

1. Geheimes Staatsarchiv Preussischer Kulturbesitz. GStA PK, BPH, Rep. 113 Oberhofmarschallamt, Nr. 1009-1010. 1912 (Reise vom 22.3.-28.5.1912).
2. Hofstaatssekretär, Geheimer Hofrat Waldmann.
3. Hofstaatssekretär, Hofrat Knauff.
4. Dirigent der Automobilabteilung, Hauptmann à la suite d. A. Zeyß (Zeiss).

5   In der Zeit zwischen dem 27. März und dem 9. April 1912 hielt sich Kaiserin Auguste Viktoria im Marmorpalais in Potsdam auf.
6   Hans Freiherr von Wangenheim. Kaiserlicher und Königlicher Gesandter sowie Bevollmächtigter Minister in Athen.
7   Wilhelm Dörpfeld (1853-1940), Archäologe.
8   August Graf zu Eulenburg, Oberhof- und Hausmarschall.
9   „Berg der Zehn Heiligen".
10 Stadt an der Westküste Korfus.
11 Erich Goens, Konsistorialrat im Königlichen Konsistorium der Provinz Brandenburg und des Stadtkreises Berlin in Berlin. Militärischer Oberpfarrer des Gardekorps.
12 Der Heilige Spiridon wird als Schutzpatron der Insel Korfu verehrt. Seinen Feiertag begehen die Korfioten jährlich kurz vor dem Osterfest.
13 Ernst von Ihne, Geheimer Oberhofbaurat, Hofarchitekt Wilhelms II.
14 General à la suite, Generalleutnant Oskar von Chelius, langjähriger Flügeladjutant des Kaisers.
15 Altes Kloster an der Südwestküste Korfus auf Felsen über dem Meer gelegen.
16 Nachbarort des Achilleions.
17 Berg Kiriaki.
18 Theobald von Bethmann Hollweg (1856-1921), Reichskanzler seit 1909.
19 Mr. Allison Armour, amerikanischer Millionär, der mit seiner Yacht in den Jahren 1911 und 1912 die Insel besuchte. Finanzieller Förderer der Altertumsforschungen und Ausgrabungen von Monrepos.
20 Sophie Dorothea Ulrike Alice, Schwester Wilhelms II., heiratete am 27. Oktober 1889 in Athen den Kronprinzen Konstantin von Griechenland.
21 Maximilian Egon Fürst zu Fürstenberg. Oberst à la suite der Armee und des II. Seebataillons.
22 Das Schloss Monrepos war der Sommersitz des griechischen Königs. Im Jahr 1911 wurden auf einem Gartenfeld in der Nähe der alten Maueranlagen erste archäologische Funde gemacht, worauf Ausgrabungen folgten.
23 William Thomas Stead, Londoner Verleger und Publizist (1849-1912).
24 Stadt an der Ostküste Korfus südlich der Stadt Korfu.
25 Georg I. von Griechenland regierte seit 1863. Verheiratet mit Großfürstin Olga von Rußland.
26 Großfürstin Marie Michaelowa, älteste Tochter des Königs Georg I. von Griechenland.
27 Kronprinzessin Sophie und Kronprinz Konstantin von Griechenland mit Tochter.
28 Prinz Andreas von Griechenland und Prinzessin Alice von Battenberg.
29 Ein Prinz Christophorus war nicht ermittelbar.
30 General Alfred von Löwenfeld.
31 Hofmarschall und Admiral Oskar Graf von Platen-Hallermund.
32 Vorstadt der Stadt Korfu.
33 Insel Vido vor der Ostküste Korfus nördlich der Stadt Korfu.
34 Hans Freiherr von Wangenheim und Johanna Freiherrin von Wangenheim.
35 Georg Graf von Hülsen-Haeseler, Generalintendant der Königlichen Schauspiele.
36 Kassiope liegt im äußersten Nordosten Korfus.
37 Bernhard, Erbprinz zu Sachsen-Meiningen, Herzog zu Sachsen, verheiratet seit dem 18. Februar 1878 mit Viktoria Elisabeth Auguste Charlotte, der Schwester Wilhelms II.
38 Eleutherios Venizelos, griechischer Ministerpräsident.
39 Ausgrabung des „Tempels von Kardaki" in Monrepos.

Heinrich Boschen: Melpomene, Muse der Tragödie, Stuckzementguß aus dem Giebelfeld des Oldenburgischen Staatstheaters, 1891/1893.   Photo: Norbert Gerdes, Oldenburgische Landschaft

GALERIE NEUSE
Kunsthandel GmbH

Hochzeitssilber des Prinzen und der Prinzessin Wilhelm von Preußen

Jardinière

Entwurf:	Adolf Heyden
	(Krefeld 1838-1902 Berlin)
Modelleur:	Wilhelm Quehl
Ausführung:	D. Vollgold & Sohn
	(seit 1860 Hofgoldschmiede
	des Prinzregenten)

Berlin, datiert 1881

Silber, getrieben, gegossen, ziseliert,
graviert, vergoldet
H. 26 cm, B. 44,3 cm, L. 75 cm, Gew. ca. 14 kg

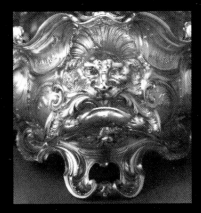

96 preußische Städte teilten sich die Kosten des gigantischen
Hochzeitssilbers aus 257 Stücken. Zwei der insgesamt vier
Jardinièren befinden sich im Huis Doorn, Niederlande, vgl. Kat.
Kaiserlicher Kunstbesitz, Staatliche Schlösser und Gärten,
Berlin 1991, S. 268 ff und Kat. Nr. 292.

Galerie Neuse Kunsthandel GmbH   Contrescarpe 14   D-28203 Bremen / Germany
Phone (+49) 421-32 56 42   Fax (+49) 421-32 86 11   e-mail: galerie.neuse@t-online.de

„Das Geheimnis des Lebens besteht im Suchen nach Schönheit."
(Oscar Wilde, Zitat aus der Hotel Atlantic-Broschüre 1909)

Paul Heydel: Wilhelm II. als Großadmiral, Malerei auf Majolika, Königliche Manufactur Kadinen, 1909, unten rechts signiert und datiert „Paul Heydel 1909". Das Fliesenbild wurde 1979 wiedergefunden und 1984 anläßlich des 75jährigen Jubiläums des Kempinski Hotel Atlantic wieder freigelegt.

Kempinski
Hotel Atlantic

HAMBURG

Medaille auf die Vermählung des zweiten Sohnes Wilhelms II.,
Prinz Eitel Friedrich von Preußen mit Herzogin Sophie Charlotte,
der ältesten Tochter des Großherzogs Friedrich August von Oldenburg
am 27. Februar 1906 in Berlin. Silber, Privatbesitz.
Photo: Norbert Gerdes

OLDENBURGER MÜNZFREUNDE E.V.

Großherzogtum Oldenburg.
Großherzog Friedrich August (1852-1931),
2 Markstück, 1900 ausgegeben anläßlich der Thronbesteigung,
geprägt in Berlin, Privatbesitz.
Photo: Norbert Gerdes

Landessparkasse zu Oldenburg

Die Aera des letzten deutschen Kaisers Wilhelm II. ist als wilhelminisches Zeitalter in die Geschichte eingegangen – und bislang sehr einseitig betrachtet worden. Während die politischen Aspekte mit unterschiedlichen Ergebnissen ausgiebig durchleuchtet wurden, hat man die kulturgeschichtliche Dimension dieser Persönlichkeit und ihres Umfeldes weitgehend vernachlässigt. Diesem Manko abzuhelfen ist das Ziel der neu zu begründenden

GESELLSCHAFT FÜR WILHELMINISCHE STUDIEN.

Entgegen der landläufigen Meinung besaß Wilhelm II. auch in künstlerischer Hinsicht eine überdurchschnittliche Begabung, die ihn auch zu großer Aufgeschlossenheit gegenüber Kunst und Kultur befähigte. So war er durchaus nicht in den engen Grenzen des zeitgenössischen Historismus befangen, Nicolaus Sombart konstatierte gar „einen sehr guten Geschmack, er liebte Schlüter und das Neue Palais, in Straßburg das Palais des Statthalters, gutes dix-huitième..." (Journal intime 1982/83, Berlin 2003). Der engste Freund Wilhelm II. war demzufolge kein amusischer Militär, sondern mit Fürst Philipp zu Eulenburg ein Diplomat, Musiker und Schriftsteller. Dessen umfangreicher musikalischer und literarischer Nachlaß, vor allem aber das vielfältige Engagement Wilhelms, etwa für die Berliner Bildhauerschule um Reinhold Begas, die Förderung von Wilhelmshaven als „technische Kaiserstadt", die Gründung der Wiesbadener Maifestspiele als Gegenstück zu Wagners Bayreuth oder auch nur die Mitgestaltung des Hamburger Hauptbahnhofes – diese wenigen, herausgegriffenen Beispiele sind exemplarisch für die große Bandbreite wilhelminischer Kultur.

Auf wissenschaftlicher Basis und in kritischer Würdigung wird die *Gesellschaft Für Wilhelminische Studien* dieses weite Themenfeld durch Publikationen, Veranstaltungen, Konzerte, Aufführungen usw. einer breiteren Öffentlichkeit zugänglich machen. Sitz der Gesellschaft werden Wilhelmshaven, die technische Kaiserstadt und das aus dem Besitz des Fürsten Eulenburg stammende Haus Kolk am Niederrhein sein.

Haus Kolk, im Februar 2004
Siegwart Graf zu Eulenburg und Hertefeld